CÓMO DESARROLLAR TU RESILIENCIA

Olga Fernández Txasko

Creadora del Método RAN©

DEDICATORIA

A ti que te atreves a aceptar todo lo vivido y transformarlo en tu gran poder. Nunca dejes de apreciar lo grande que eres y todo el potencial que llevas dentro.

Lucha siempre por aquello que deseas y no olvides que la vida siempre es una oportunidad.

GRACIAS

Espero que entender y desarrollar tu resiliencia te sea de gran utilidad en la vida y que te ayude tanto como me ha ayudado a mí.

Aceptar todo lo vivido, abrazar y aprender de las experiencias complicadas y nunca rendirme, me ha llevado no solo a mi felicidad, sino a sacar lo mejor de mí. Te deseo lo mismo para ti.

Prólogo

Tu potencial es ilimitado, solo tienes que aprender a no paralizarte ante las cosas que no te salen bien en la vida y utilizar la experiencia a tu favor, capitalizar todo lo vivido para ser imparable y nunca rendirte hasta que logres lo que deseas.

Eso es ser resiliente, ser capaz de ver oportunidades en la vida incluso en los momentos difíciles y situaciones aparentemente imposibles, para crecer sin parar hasta lograr tus objetivos.

Es la fuerza de transformar lo que parece imposible en posible, buscando siempre la mejor manera de llegar a conseguirlo pese a las dificultades.

La vida no es siempre un camino de rosas, pero lamentarse no sirve más que para quedarse atrapado en la situación y no prosperar. Si empiezas a mirarla con otros ojos, y de lo malo que has vivido empiezas a quedarte con el aprendizaje y con lo que el "bache" te ha aportado, tu vida cambia porque destapas todo tu potencial.

Apreciar lo que las dificultades te brindan, te abre a un mundo de oportunidades. Tener la fortaleza de afrontar la vida tratando de ver la solución y no el problema te abre un enorme abanico de posibilidades.

Hay vivencias duras, pero no debes permitir que el dolor te paralice. Debes crecer y avanzar con cada tropiezo, con cada parada a la que a veces te fuerza la vida, porque mereces una existencia mejor y la vas a tener.

Se trata de aprender a sacar las cosas positivas de cada situación que te toca afrontar, incluso de las más duras como la muerte de un ser querido y que nada te aparte de tu objetivo.

¿No crees que es más fácil la vida si en lugar de llorar porque nunca más vas a volver a ver a tus padres, o a ese amigo especial, y no vas a recibir más afecto de ellos, recuerdas todo lo bueno que te han mostrado? El dolor por la pérdida está ahí, pero lo que decides llevar contigo en tu mente hace que te enfrentes a la vida de muy diferente manera. Quédate siempre con todo lo que compartiste, con lo positivo, con cada momento bonito compartido y caminarás con fuerza hacia donde quieras llegar.

Aplica siempre esto a cualquier aspecto de tu vida, quédate con la lección que te aporta lo vivido, no mires lo negativo y lo que has sufrido, y ábrete a la oportunidad de aprendizaje de cada experiencia.

Adaptarte a cada vivencia y tu capacidad de sobreponerte a lo vivido quedándote con lo bueno, te hace resiliente. Ver la vida desde una perspectiva positiva y fuerte abre todas tus posibilidades, ya que como vas a ver más adelante, la fortaleza y el positivismo te van a traer más de lo mismo haciendo tu vida más fácil para encaminarte hacia donde quieres y mereces estar.

Date la oportunidad de sacar todo lo bueno en ti, y de exprimir lo provechoso de todas tus vivencias. No te rindas nunca hasta lograr lo que deseas. Las dificultades te enseñan como seguir y a veces te ayudan a colocarte donde tienes que estar para lograr lo que más ansías.

Eres ya resiliente, y vas a serlo aún más para brillar y sacar todo tu potencial. Lo mereces.

Índice

1. Qué es la Resiliencia

La palabra resiliencia parece que cada vez la escuchamos más cuando nos adentramos en el mundo de la superación y crecimiento personal. El término y el concepto del mismo lo dio a conocer el psiquiatra, neurólogo, psicoanalista y etólogo, Boris Cyrulnik, en su bestseller "Los patitos feos" en 2001.

Personalmente es una palabra que la conocí hace unos 11 años en los colegios de mis hijos en Nueva Zelanda. Me enamoró su sentido, tanto, que es mi palabra favorita y la que diría me define.

Cuando eres capaz de ver que lo malo en tu vida te ha servido para crecer y los momentos difíciles han sido parte del aprendizaje que te han llevado a tu objetivo, entonces puedes decir que has encontrado tu Poder y tu verdadera esencia, eres resiliente.

Según la definición de la Real Academia Española de la Lengua (RAE), la Resiliencia, es la capacidad humana de asumir con flexibilidad situaciones límite y sobreponerse a ellas.

A esto, añadiría que al superar situaciones difíciles, la resiliencia nos hace salir reforzados y caminar con paso firme hacia nuestros objetivos.

La resiliencia no solo consiste en sobreponerse de las adversidades, sino además en utilizar las adversidades para crecer y sacar todo tu potencial.

Se trata de capitalizar tu vida, todas tus experiencias para ponerlas al servicio de tu vida presente y futura.

La resiliencia es la capacidad de hacer frente al estrés, al miedo y la adversidad. Viene de creer en ti mismo. Es **esa capacidad maravillosa de convertir el dolor y las experiencias vividas en algo positivo que te empuje hacia delante.**

Lo bueno de la resiliencia es que no es una cualidad innata, y que se puede aprender y desarrollar a cualquier edad. Involucra comportamientos, pensamientos y acciones que pueden ser aprendidos y desarrollados por cualquier persona. Solo necesitas práctica para poder ser más resiliente.

La neuroplasticidad confirma que puedes aprender todas las capacidades necesarias para desarrollar la resiliencia. La neurociencia nos ha mostrado que la experiencia es el catalizador de la neuroplasticidad y el aprendizaje del cerebro durante toda nuestra vida.

En cualquier momento, podemos elegir las experiencias que dirigen el aprendizaje del cerebro hacia un mejor funcionamiento. La resiliencia puedes por tanto fortalecerla a través de diferentes factores y prácticas que vas a ver más adelante como el tener una percepción positiva de ti mismo.

Da igual donde vivas, cuál sea tu situación, o la edad que tengas, siempre puedes desarrollar la resiliencia que te va a ayudar a tener una vida mejor, porque cuando eres capaz de sacar la parte positiva de todo lo vivido, tu perspectiva ante la vida cambia, y al hacerlo, esta se hace mucho más fácil y fructífera.

Se trata de utilizar siempre lo que te sucede en la vida para crecer. Cada dificultad con la que tropiezas en la vida te da la oportunidad de mirar hacia dentro y rescatar tus recursos más íntimos y salir reforzado. Las pruebas o dificultades que te pone la vida pueden y deben darte a conocer tu fuerza.

Ante las dificultades de la vida, tienes dos posibilidades, tratar de dejarlas en un cajón y seguir adelante, o aceptarlas, aprender de ellas y utilizarlas para crecer como persona. Atreverte a analizar tu vida, aceptando lo negativo en ella, pero quedándote con lo positivo y el aprendizaje para avanzar, es ser resiliente.

Convierte todo lo que has vivido, el dolor, desamor, vaivenes económicos … en fuerza.

Todos los acontecimientos de tu vida conllevan algún beneficio, solo tienes que encontrarlo.

Buscar oportunidades en el dolor requiere de mucho valor y lo tienes. Enorgullécete por ello.

2. Factores para la Resiliencia

La Resiliencia no es una cualidad innata, por eso puedes mejorarla con tu experiencia de vida.

Según el APA, American Phycological Association, los factores que influyen en el desarrollo de la resiliencia son:

"Una combinación de factores contribuye a la resiliencia. Muchos estudios muestran que el factor principal en la resiliencia es tener relaciones afectivas y de apoyo dentro y fuera de la familia. Las relaciones que crean amor y confianza, proporcionan modelos a seguir y ofrecen estímulo y tranquilidad ayudan a reforzar la capacidad de recuperación de una persona.

Pero hay otros factores adicionales asociados con la resiliencia, que incluyen:

- La capacidad de hacer planes realistas y tomar medidas para llevarlos a cabo.

- Una visión positiva de ti mismo y confianza en tus fortalezas y habilidades;

- Capacidades en comunicación y resolución de problemas;

- La competencia en manejar sentimientos e impulsos fuertes.

Todos estos son factores que las personas pueden desarrollar en sí mismos."

Puede que no hayas tenido relaciones afectivas de apoyo que te hayan ayudado confiar en ti y desarrollar tu resiliencia. Pero los otros cuatro factores, son algo que puedes aprender, poner en práctica y con ello mejorar tu resiliencia.

Ponte a ello, porque ser capaz de abrazar todo lo vivido y mirar atrás no para quedarte en el dolor, sino para sacar un aprendizaje de ello, te va a llevar a ser feliz y lograr lo que te propongas en esta vida.

Como has leído la familia, un entorno de afecto y apoyo, es el principal factor que contribuye al desarrollo de la resiliencia. Pero si en tu caso, tu familia no te ha aportado el aprendizaje de esta cualidad, no te asustes, porque puedes aprender a desarrollarla. Hay otros factores que influyen para ser resiliente en los que puedes trabajar:

2.1 La capacidad de hacer planes realistas y tomar medidas para llevarlos a cabo

Para llegar a ser resiliente y ser capaz de convertir las experiencias vividas en algo positivo para lograr tus sueños, tienes que empezar a planificar tu vida.

No es algo común que se enseñe en nuestras familias ni en nuestras escuelas, pero marcarse objetivos realistas y establecer los pasos para llevarlos a cabo facilita nuestra vida.

Cuando marcas los objetivos de tu vida y marcas tu rumbo te es mucho más fácil centrarte en él.

Diversas investigaciones han constatado que plantearse objetivos a largo plazo es beneficioso, ya que estructura tu cerebro para ser más efectivo.

Según "The Interface Between Emotion and Attention: A Review of Evidence from Psychology and Neuroscience" de Rebecca J. Compton, profesora de Psicología, con un doctorado en Psicología Biológica:

- La parte de tu cerebro que crea emoción (tu amígdala) evalúa el grado en que el objetivo es importante para ti.

- La parte de tu cerebro que resuelve problemas (tu lóbulo frontal) define los detalles de lo que implica el objetivo.

- La amígdala y el lóbulo frontal trabajan juntos para mantenerte enfocado y avanzar hacia situaciones y comportamientos que conducen al logro de ese objetivo, mientras que simultáneamente hacen que ignores y evites situaciones y comportamientos que no lo hacen.

Por esto, ves que es importante centrarse en organizarse, marcarse objetivos y crear un plan para cumplirlos. Con ello tu cerebro actúa a tu favor a la hora de afrontar situaciones, ya que te ayuda a centrarte en lo realmente necesario.

Debido a que tu cerebro tiene neuroplasticidad (capacidad del cerebro para adaptarse y cambiar como resultado de la conducta y la experiencia), el establecimiento de objetivos literalmente cambia la estructura de tu cerebro para que esté optimizado para lograr ese objetivo.

Establecer objetivos tiene grandes beneficios para ti: experimentas un gran cambio en tu energía, ya que tu cerebro no distingue entre lo que desea (el objetivo) y lo que tiene, y eso hace que te sientas bien.

En otras palabras, nuestro cerebro "absorbe" la imagen del resultado deseado (el objetivo), estableciéndolo como una parte esencial de lo que somos. Si aún no hemos logrado el objetivo, nuestra imagen del mismo ya no coincide con nuestra realidad. Esto establece un estado de tensión que hace que nuestro cerebro comience a tratar de resolverlo trabajando para lograr el objetivo.

Cuando te marcas un objetivo tu cerebro actúa como si ya lo hubiera logrado y te "empuja" a trabajar en ello.

La investigación también ha demostrado que los objetivos ambiciosos son mucho más motivadores (es decir, estructuran más tu cerebro) que los objetivos fáciles de alcanzar. (como constata el Journal of Applied Psychology).

En otras palabras, si deseas activar completamente tu amígdala y lóbulo frontal para que tu cerebro te haga más exitoso, debes establecer metas desafiantes.

Resumiendo, el establecimiento de objetivos literalmente altera la estructura de tu cerebro para que pueda percibir y comportarse de manera que pueda lograr esos objetivos. Y los objetivos desafiantes que tienen una fuerte resonancia emocional alterarán la estructura de tu cerebro de manera más rápida y efectiva que los objetivos fáciles.

Beneficios de establecer objetivos

- Establecer objetivos te brinda una visión a largo plazo y motivación a corto plazo. Te ayuda a organizar tu tiempo y tus recursos para que puedas aprovechar al máximo tu vida.

- Además al establecer objetivos claramente definidos, podrás medir tus logros, y verás tu avance hacia ellos.

- Establecer objetivos también te ayuda a aumentar la confianza en ti mismo, al reconocer tu propia capacidad y competencia para lograr las metas que has establecido. Tu autoestima crece.

- Con objetivos claros en tu vida, que puedes evaluar, tu capacidad de observación para ver lo que funciona y no en tu vida, aumenta, creciendo con todo el proceso tu resiliencia.

Los objetivos tienen que ser **SMART**

¿Qué es un objetivo SMART? La palabra inglesa SMART significa "inteligente". En el caso de los objetivos se utiliza como acrónimo de los adjetivos:

- Specific (Específico)

- Measurable (Medible)

- Achievable (Alcanzable)

- Realistic (Realista)

- Time-Bound (Tiempo limitado)

Cuando estableces objetivos has de considerar que sean:

- Específicos: no trates de divagar, márcate un objetivo claro. Es mejor marcarse el objetivo "voy a buscar trabajo de camarero", que "voy a buscar trabajo".

- Medibles: márcate objetivos cuya proyección puedas medir. Si te marcas un objetivo a medio plazo para cumplirlo en un año, asegúrate que puedas medir los avances que haces hacia su consecución.

- Alcanzables: establece siempre objetivos alcanzables, que sepas que con tu tesón y esfuerzo puedes lograr.

- Realistas: márcate objetivos realistas, de nada sirve objetivos que objetivamente sabes no vas a poder alcanzar. Recuerda, para ello han de estar en sintonía con tus motivaciones y habilidades.

- De tiempo limitado: esto es, ponte una fecha límite para conseguirlos. Si pasada esa fecha no los consigues, analiza por qué no lo has hecho y si merece la pena seguir intentándolo.

En qué consiste eso de marcarse objetivos

El establecimiento de objetivos es solo un proceso. Pero es un proceso muy importante y personal que te ayuda a obtener lo que realmente quieres de la vida.

A lo largo de la historia antigua y moderna, existe un vínculo claro entre las personas que establecen objetivos y las personas que tienen éxito, porque las personas que establecen objetivos tienen una dirección clara hacia el destino elegido.

El establecimiento de objetivos te ayuda a:

- Resolver y aclarar lo que realmente quieres

- Elaborar un plan de consecución para ayudarte a lograr lo que realmente deseas: no tiene sentido tener un gran objetivo si no sabes cómo llegar a él, necesitas un plan para lograrlo.

- Te da la motivación para establecer tu plan en acción, ya que tus objetivos son personales y significativos para ti y se basan en lo que realmente quieres. Marcarte objetivos te va a ayudar a estar motivado para lograrlos.

- Mantener un registro de hacia dónde te diriges, ayudándote a enfocarte para que no pierdas tu dirección: es fácil distraerse con los pequeños obstáculos del día a día, por lo que el establecimiento de objetivos te va a ayudar a enfocar tu tiempo y energía en la dirección correcta.

Los objetivos son propósitos y metas bien definidos que te dan dirección y motivación. Son tu hoja de ruta hacia el éxito (es decir, a lograr lo que quieres). **Los objetivos son tu guía personal.**

Tener objetivos es como llevar un GPS en una ciudad grande: las personas que saben a dónde van y cómo llegar tienen más probabilidades de llegar que las que no lo hacen. **Los objetivos son como tu destino, y los planes de acción que creas para conseguirlos las calles que te llevan a tu destino.**

Cómo marcarte objetivos

Creo que te ha quedado clara la necesidad de marcarte objetivos para poder conseguir lo que te propongas en la vida y sentirte realizado con ello.

Por favor sigue estas reglas para poder establecerlos:

Siempre pon por escrito tus objetivos y anota también el plan que tienes para conseguirlos.

Ten un bloc de notas donde marques los objetivos que quieres lograr a largo plazo, pero también a corto plazo. Tienes que tener la vista en lo que quieres alcanzar de aquí a un tiempo porque eso te va a ayudar a que todas tus energías se muevan hacia ello, pero también tienes que establecer objetivos a medio y corto plazo.

Esto es, establece por ejemplo que en dos años quieres tener un mejor trabajo y escribe lo que vas a hacer para conseguirlo. Por ejemplo, seguir estudiando para estar mejor cualificado. Además de este "gran" objetivo debes marcarte objetivos más inmediatos, incluso lo que quieres conseguir en la próxima semana y para ello también tienes que marcarte un plan de acción.

Concluyendo, para marcarte objetivos:

- Ponlos por escrito

- Establece objetivos a largo plazo, pero también a corto plazo

- Márcate objetivos alineados con tus habilidades y pasión para que fluir te sea más fácil.

- Prepara un plan para conseguir tus objetivos

Plan de Acción

Recuerda que para el desarrollo de tu resiliencia tienes que establecer planes u objetivos realistas, pero además debes de marcarte las medidas para llevarlos a cabo.

Debes establecer el camino a seguir para llegar a la meta, si no los objetivos se quedarán en meros deseos.

Preparar un plan de acción significa planificar en el tiempo, y antes de hacerlo es conveniente que te marques PRIORIDADES.

Una vez tienes claros tus objetivos es conveniente escribas en tu cuaderno donde los has anotado, el tipo de prioridad que tienen. Hay objetivos que tendrás que cumplir de forma inmediata, pero otros serán a medio o largo plazo. Empieza siempre a trabajar con los objetivos que tienen prioridad.

TU PLAN DE ACCIÓN

El sentido de un plan de acción es convertir una meta u objetivo en objetivos concretos, y estos en realidades. Para ello es importante que describas al detalle cuál va a ser el camino que vas a tomar, las acciones que vas a llevar a cabo para lograrlo.

El plan de acción es tu hoja de ruta para conseguir lo que te has propuesto.

Una manera sencilla de hacer un plan de acción es dibujar una línea en un folio y poner diferentes puntos, desde el punto del presente (donde te encuentras ahora), hasta el punto final que es la consecución del objetivo. En el medio marca diferentes puntos que serán las acciones que vas a realizar para conseguir tu meta.

Tienes que crear diferentes planes de acción para cada objetivo, pero por favor no establezcas muchos objetivos al mismo tiempo. No te autoexijas. Despacio y con organización llegarás a donde quieres estar.

REVISA TU PLAN DE ACCIÓN

El establecimiento de objetivos es un proceso dinámico. Los objetivos que te marcaste hace un año algunos los habrás logrado y otros simplemente habrán cambiado porque has cambiado tú o tus circunstancias.

Incluso tienes que ser flexible acerca de tus objetivos a corto plazo porque debes poder adaptarte a las cosas que están fuera de tu control. Si estableces el objetivo de ir a cambiar el aceite al coche la semana que viene, pueden llamarte del taller diciendo que les ha surgido un problema y esto significa que te ves obligado a cambiar toda la rutina de ese día.

Un plan de acción debe ser flexible para que puedas adaptarte a tus circunstancias, no es inamovible. Es conveniente que lo revises cada tanto y que valores cómo vas encaminado hacia la obtención de tus objetivos. A veces hay que cambiar el plan de acción o simplemente destinar más recursos a uno de tus objetivos.

Es bueno que midas la evolución que llevas hacia tu objetivo porque ver que vas avanzando hacia la consecución te hace sentir mejor y te da fuerzas para seguir adelante hasta lograrlo. Todo este proceso es lo que contribuye a desarrollar tu resiliencia.

Parece que tomarte todo el trabajo de establecer objetivos con base en tu autoconocimiento y luego establecer un plan de acción que te ayude a conseguirlos significa un trabajo enorme. Pero es muy necesario para llegar a buen puerto.

El logro de tus objetivos no solo te va a traer satisfacción, sino que es parte de lo que va a hacer que tu autoestima mejore y con ello tu resiliencia. Todo este proceso te ayuda a ser flexible ante las situaciones de la vida y tener la calma y la capacidad de tomar las decisiones adecuadas.

Además con cada logro en el camino hacia tu objetivo, tu cuerpo libera dopamina a tu cerebro, creando una sensación de placer. Este estado de bienestar con la dopamina más alta hace que te motives y centres más.

Pero cuidado, cuando no alcanzas el objetivo marcado tu cerebro deja de recibir dopamina y eso supone que te sientes ansioso, con miedo o triste. Por eso debes también ser consciente que no cumplir un objetivo te trae estas emociones y que debes aprovechar el no conseguirlo para analizar lo que has estado haciendo para alcanzarlo y si debes cambiar la acción para lograrlo, invertir más tiempo en él o dejarlo a un lado porque el esfuerzo no te compensa.

Considera dividir un objetivo en metas más pequeñas (por ejemplo si te habías propuesto perder un kilo a la semana y eso no lo has conseguido, prueba perder un kilo en un mes, esto es 250 gramos a la semana). Cuando desmenuzas el objetivo y logras cada nuevo pequeño objetivo, obtienes gratificación, lo que te empuja a seguir a por el objetivo mayor.

Lograr un objetivo, (no importa su tamaño), contribuye a tu auto-estima, ya que eleva tus niveles de serotonina (neurotransmisor que ayuda a regular los estados de ánimo).

Tómate el trabajo de planear el plan de ejecución de cada objetivo. No te lo tomes como un arduo trabajo sino como el camino necesario para lograr lo que quieres de una manera eficaz. Piensa que si el leñador no para a afilar el hacha por más empeño que le ponga, no podrá derribar el árbol. Haz lo mismo, tomate el tiempo de planear tu vida minuciosamente, cuanto más lo hagas más cerca vas a estar de conseguir tu meta.

Marcarte objetivos, tener planificada tu vida de manera realista es el primer factor que contribuye a tu resiliencia. Pon en práctica lo que has leído. Anota tus objetivos y un plan que te ayude a alcanzarlos. Hacerlo es el paso fundamental para lograr lo que deseas y esto hará que aumente tu autoestima otro facto fundamental para ser resiliente.

2.2 Una visión positiva de ti mismo y confianza en tus fortalezas y habilidades

No siempre tenemos una visión positiva de nosotros, sobre todo porque nos cuesta reconocer nuestros logros y nuestra valía. No nos han enseñado a sentirnos orgullosos de lo que valemos o de aquello en lo que somos buenos. Quizá porque creían nuestros educadores que sería hacernos vanidosos.

Pero tienes que saber que ser vanidoso y reconocer tus cualidades o habilidades son cosas muy diferentes.

Reconocer tus habilidades, las cosas buenas en ti, es parte de ser resiliente. Conocer cuál es aquello en lo que eres bueno te ayuda en la vida a avanzar de manera mas sencilla hacia donde quieres llegar.

Tus Habilidades

Christopher Peterson y Martin Seligman definen las habilidades o fortalezas como "aquellas capacidades que pueden adquirirse a través de la voluntad, las cuales representan rasgos positivos de la personalidad". Una habilidad es esa característica que te hace sobresalir del resto para bien.

Tu genética, tu entorno y tu experiencia de vida te han dado unas habilidades que son las que debes descubrir y reconocer. Atrévete a ver lo que vales, aquello en lo que eres bueno.

Cuando eres capaz de ver en ti las cualidades innatas, así como las que has ido desarrollando en tu vida, eres capaz de adaptarte mejor al entorno, de saber aprovechar tu valía, de ser resiliente.

Quizá nunca lo hayas hecho pero es hora de que te des la oportunidad de ver y reconocer tus habilidades. Focalízate en tus habilidades, poténcialas, y podrás salir mas airoso de las situaciones que te vaya presentando la vida.

Refexiona sobre tus habilidades. Piensa en las cosas que se te dan bien y apúntalas. Atrévete a reconocer lo que vales. Se trata de ser sincero contigo de que veas que hay cosas para las que tienes un "don" especial. Quizá, las tengas "escondidas" porque de pequeños no siempre nos dejan conectar con nosotros mismos para apreciar nuestras habilidades y nos llevan por el camino que nuestros padres consideran adecuado. Pero nunca es tarde para que te tomes tu tiempo y descubras aquellas cosas en las que eres bueno y te apasionan. Porque cuando haces cosas siguiendo tu pasión y tu habilidad, fuyes mejor en la vida.

2.3 Capacidades en comunicación y resolución de problemas

La capacidad de comunicarte con los demás, de transmitir y escuchar, y de resolver problemas con agilidad sin quedarte estancado es un factor fundamental para ser resiliente.

Las personas tendemos a quedarnos atascadas ante problemas en la vida, aunque estos sean pequeños. Nos ponemos nerviosos, ansiosos, anticipando un resultado que desconocemos. Eso nos provoca miedo y ansiedad, lo que hace que nos bloqueemos. Tener una buena habilidad de comunicación ayuda a resolver conflictos o problemas.

Habilidad para la comunicación

Desarrollar tu habilidad para la comunicación con los demás te va a ayudar a resolver de mejor manera los problemas que se te presenten, y con ello mejoraras tu resiliencia.

Para ello trata de construir **relaciones con conexion**, en sintonía con la otra persona. Una relación con conexión, en sintonía con la otra persona, se da cuando resulta placentera y ayuda a resolver inquietudes de la otra persona. La conexión se desarrolla a medida que la otra persona nota inconscientemente estas similitudes y comienza a sentir, en algún nivel, que eres como ella, que los dos estáis en sintonía.

Y te preguntarás entonces cómo puedes construir una buena conexión, rapport con los demás. Algo que siempre funciona para establecer rapport es la técnica conocida como "**matching and mirroring**" desarrollada por el psiquiatra **M. Erickson**.

TÉCNICA DE EMPAREJAMIENTO y ESPEJO

Una relación se construye sólida cuando hay un sentimiento de sentir algo en común con la otra persona. Y como has podido leer, la relación no se construye solo con palabras.

La técnica de "matching and mirroring" o en español de "emparejamiento y espejo", fue señalada por el **Dr. Milton Erickson**. El reconocido hipnoterapeuta, entendió que las personas tenían tanto una mente consciente como una mente subconsciente. Sabía que la mente subconsciente tenía roles vitales extremadamente poderosos y controlados, como el latido de su corazón 100 veces en un minuto, sin que lo pensemos. Erickson sabía que si podía infuir en la mente subconsciente, podía cambiar cualquier cosa con un paciente.

Debido a la polio, Milton Erickson fue confado a una silla de ruedas, esta circunstancia le permitió estudiar a las personas y su comportamiento más en profundidad. Se dio cuenta de que si las personas entraban en una buena relación se volvían similares entre sí en una variedad de formas, dijo que era casi como si se estuvieran refejando.

"A las personas les gustan las personas que son como ellos mismos o que son como les gustaría ser". M. Erickson

Te dejo aquí los pasos a seguir para que puedas infuir en el subconsciente de las personas a través de la técnica de emparejamiento y espejo y así mantengas relaciones sanas:

• MIRRORING

Consiste en hacer "de espejo", es decir, expresarse tanto en el lenguaje verbal como no verbal lo más parecido posible a la persona que tenemos delante, refejar sus movimientos, su postura, su ritmo de respiración, sus gestos, su volumen de voz, ... Debemos generar un ambiente de semejanza con esa persona, para que confíe en nosotros sintiéndose comprendido y seguro.

• PACING o ACOPLARSE

Es el proceso de adaptación a nuestro interlocutor. Para ello debemos escuchar con detalle, observar lo que dice y cómo lo dice, trataremos de adoptar su modo de hablar y sus expresiones, percibiremos también su lenguaje no verbal y lo imitaremos, observaremos los predicados verbales que usa y utilizaremos predicados de ese tipo, nos adecuaremos a su tono y volumen de voz, a sus gestos, a su posición, etc. Es fundamental hacerlo siempre con suma discreción, con mucha paciencia y demostrándole todo nuestro respeto, es decir sin caer nunca en lo grotesco. Esto es si tu interlocutor habla en tono muy bajito, adáptate y tú también habla bajo, si se toca el pelo, tócate tú la cara por ejemplo, si le da un sorbo a su café, dáselo tú también al tuyo, ...siempre de forma muy sutil, jamás podemos llegar a hacerle pensar que lo estamos imitando. Esta manera de adaptarse, de hacer de espejo sirve para establecer una sintonía que solo será captada por su inconsciente.

• LEADING o LIDERAR

Una vez conseguida la adaptación, puedes ir introduciendo cambios, modifcando ligeramente alguno de los elementos que habías copiado para dar pie a que él o ella te siga. Digamos que una vez has construido una conexion, puedes llevar a esa persona a tu campo porque tiene confanza en ti. Si la otra persona comienza a reproducir tu manera de hablar, gestos, ... es signo de que has construido rapport o conexion con ella.

La conexion o rapport signifca una capacidad de respuesta total entre las personas. Tú respondes y los otros te responden a ti.

No olvides que para construir relaciones, con amigos, pareja, clientes, ... tienes que conectar con ellos y que solo a través de preguntas no consigues más que averiguar cosas sobre ellos, pero no crear confanza. La conexion con las personas la logras creando un sentido de tener algo en común con la otra persona (commonality) y para lograrlo necesitas la técnica de emparejamiento y espejo, que implica mucho más que solo palabras. No olvides que a las personas nos gustan las personas que son como nosotros o como las que queremos ser.

Espero pongas en práctica esta técnica de emparejamiento y espero porque la comunicación con los demás te va a resultar mucho mas fácil, y no olvides que una buena capacidad de comunicación es uno de los factores claves para desarrollar tu resiliencia.

Resolución de problemas

Consiste en identificar una preocupación o asunto y tomar medidas para corregirlos.

Las medidas para la solución de problemas incluyen identificar el problema, disipar cualquier confusión acerca de lo que es el problema y buscar soluciones.

En la búsqueda de soluciones tienes que plantearte diferentes opciones y escoger la más adecuada a la situación y el momento. Esta capacidad de resolución de problemas o conflictos, contribuye a tu resiliencia, a sacar todo tu potencial.

Los conflictos son situaciones en las dos o más personas entran en oposición o desacuerdo porque sus posiciones, intereses, necesidades, deseos o valores son incompatibles o percibidos como tales. En una situación de conflicto las emociones juegan un papel muy importante y es necesario reconocerlas.

Ante una situación problemática puedes:

- Evitarla: con lo cual nunca la resuelves.

- Adecuarte a ella: ceder para evitar el conflicto.

- Ser competitivo: querer ganar a toda costa, con lo que puedes aumentar aún más si cabe el conflicto.

- Negociar: llegar a un acuerdo satisfactorio cediendo en algunos puntos (ambas partes lo hacen).

- Colaborar: tratar de que ambas partes satisfagan al máximo sus necesidades, reconociendo a la otra parte como tu igual y buscando un beneficio común.

Aprender a resolver los conflictos de manera saludable aumentará tu comprensión del otro, generará confianza en ti, lo que también contribuye al desarrollo de tu resiliencia.

Para resolver con éxito un conflicto, es conveniente reducir el estrés y estar lo suficientemente cómodo con tus propias emociones para reaccionar de manera constructiva.

Ser consciente de las emociones limitantes que acuden a ti ante un conflicto o una situación complicada, te va a ayudar a sobrellevar y salir airoso de la tesitura.

Más adelante en el libro vas a tomar conciencia de tus emociones y poder "reprogramar" tu cerebro con emociones positivas y no limitantes para afrontar mejor las situaciones que van apareciendo en tu vida.

2.4 La competencia en manejar sentimientos e impulsos fuertes

Otro de los factores que influyen en el desarrollo de la resiliencia es el saber manejar nuestras emociones.

La conciencia emocional, tomar conciencia de tus emociones, es la clave para la comprensión de ti mismo y de los demás. Si no sabes cómo te sientes o por qué te sientes de determinada manera, no eres capaz de comunicarte de manera efectiva o de resolver conflictos y tomar decisiones adecuadas.

Las emociones pueden limitar tu capacidad de raciocinio. Por eso es muy importante que aprendas a conocerte y a reconocer tus emociones. Hacerlo es lo que te va a ayudar a comunicarte acertadamente con los demás y a resolver los problemas y conflictos que se te presenten en la vida desde una postura calmada.

Clave pues, la conciencia emocional para tu proceso de desarrollar resiliencia.

3. Conciencia emocional

Uno de los factores que infuyen en el desarrollo de la resiliencia es la competencia en manejar tus emociones. Para ello es necesario que te conozcas, para lo que vas a tener que aprender a observarte, a ser consciente de tus emociones. Vas a empezar a tomar consciencia de cuándo surgen, y qué hace que aforen, cuáles son los disparadores de tus miedos, ansiedades e inseguridades. Solo llevándolas al plano de la consciencia podrás eliminar de ti, esas emociones que tanto te limitan.

"Cuando el alma se halla agitada por la colera, carece de fortaleza, cuando el alma se halla cohibida por el temor, abrumada por el dolor, carece de fortaleza". Confucio

Las **emociones** son reacciones psicofsiológicas que representan modos de adaptación a ciertos estímulos del individuo cuando percibe un objeto, persona, lugar, suceso o recuerdo importante.

A **nivel cognitivo**, es decir, en lo que concierne a nuestra capacidad de comprensión, juicio, memorización y razonamiento, las emociones pueden hacernos perder la capacidad de controlar nuestra conducta.

Es importante por ello que empieces a reconocer tus miedos, ansiedades, inseguridades, (todas tus emociones, incluidas las buenas como la alegría, el entusiasmo...), cuándo surgen y en qué situaciones aparecen, porque solo siendo capaz de dejar esas emociones de lado y superándolas, podrás manejar las situaciones de manera exitosa. Cuando te dejas llevar por las emociones, bien sea de alegría o de miedo, buenas o malas, tu capacidad de raciocinio disminuye para resolver la situación y salir airoso de ella, y no te facilita el proceso de aprender de todo ello.

Para reconocer tus emociones tienes que hacerlas conscientes y saber qué es lo que hace que aparezcan, y salgan de tu subconsciente. Tienes que conocer los disparadores que hacen que tus miedos e inseguridades aforen.

Seguramente a estas alturas de tu vida, sabes aunque sea de una manera intuitiva, que tus miedos son los que te paralizan y te impiden llegar donde quieres hacerlo. Probablemente te haya pasado que ante un problema en la vida, o una discusión te has bloqueado porque tus emociones limitantes como la inseguridad han aparecido, dejándote pasivo, con ira o llevando a cabo una mala resolución del problema.

Puede que hayas probado diferentes técnicas para relajarte y que tus emociones no infuyan a la hora de resolver los problemas y que no lo hayas conseguido. No te preocupes, esas emociones han seguido apareciendo en la siguiente discusión, o toma de decisiones importante porque vienen a ti de manera inconsciente, las recreas una y otra vez saboteando tus propósitos. Es la adicción emocional.

Desde Sigmund Freud, varios psicólogos y lideres de pensamiento, han reconocido una tendencia a que los humanos se sientan atraídos por situaciones que desencadenan traumas no resueltos desde el principio de sus vidas. Así un niño que tiene un padre abusivo puede ser atraído repetidamente por parejas abusivas. Alguien que fue abandonado puede sentirse atraído, inconscientemente, por personas que se acercarán a él y luego, de repente, se separarán y se irán. Si de pequeño te hicieron sentir inseguro, ahora esa inseguridad vuelve a ti de manera inconsciente.

Este repetir emociones del pasado de manera inconsciente, se conoce como compulsión de repetición, que fue un término acuñado por Sigmund Freud para defnir "el deseo de volver a un estado anterior de las cosas".

Según el psiquiatra e investigador Bessel van der Kolk, en su trabajo **"Re-enactment, Revictimization, and Masochism**, "Muchas personas traumatizadas se exponen, aparentemente de forma compulsiva, a situaciones que recuerdan el trauma original. Estas recreaciones de comportamiento rara vez se entienden conscientemente como relacionadas con experiencias de vida anteriores".

Cuando te enfrentas a un conficto, o la vida te pone en el dilema de resolver un problema, actúas con las mismas emociones con las que aprendiste a hacerlo de pequeño. Si tu madre era la que solucionaba tus indecisiones, o hasta tus peleas, o se enfadaba contigo porque no eras capaz de arreglártelas, te invalidaba como persona, y ahora al enfrentarte a estas actuaciones tu respuesta emocional es la de inseguridad, miedo a qué pasará, ansiedad a qué dirá la otra parte,... Y estas emociones limitan tu capacidad de comunicación y resolución de problemas.

Caes en la compulsión de repetición del trauma pasado. Eres "víctima" de este concepto que nos explica que los humanos buscamos situaciones que nos son familiares. (La familiaridad es reconfortante, y el cambio da miedo.)

Pero por favor no te paralices. Ver y entender que las emociones grabadas en tu subconsciente son la causa por la que te has trabado a la hora de comunicarte con alguien o en el momento de resolver un problema, es el primer paso para cambiarlo, y aprender. No olvides que es cuestión de práctica, que se puede aprender. Y que ser capaz de reconocer tus emociones y deshacerte de ellas es parte del proceso que te va a ayudar a desarrollar tu resiliencia. Sin la inseguridad, miedo, ansiedad, … vas a ser capaz de resolver los problemas que se te presentan y poder tomar lo mejor de cada situación de la vida.

3.1 Adicción emocional

Tus emociones vienen creadas por tus pensamientos y tus actuales pensamientos son repeticiones inconscientes de lo que tu entorno te ha hecho creer sobre ti. Digamos te repites de manera inconsciente lo que tus padres, compañeros, profesores, amigos, … te dijeron e hicieron creer, es lo que se denomina **adicción emocional**.

Entender la adicción emocional es comprender que los pensamientos con los que convives hoy, que crean tus emociones limitantes, son los que te hacen vivir con las emociones de miedo, culpa, baja estima angustia, … Esos pensamientos que hacen aforar esas emociones que te paralizan, son los pensamientos que hoy repites de manera inconsciente. Acuden a ti de manera automática, creando esas emociones de manera incontrolable. Y cuando no puedes controlar una emoción es porque eres adicto a ella.

La **adicción química emocional** explica por qué te quedas atrapada o atrapado en tus emociones, sean éstas positivas o negativas.

Candance Pert, neurobióloga, farmacóloga y escritora del Best Seller " Molecules of Emotions", explica que: "Los pensamientos generan un tipo de emociones; cada emoción que experimentamos, produce una química que circula por todo el cuerpo por medio de "neuropéptidos". Candance Pert llamó a estos neuropéptidos "moléculas de emoción". Cada célula se comunica con las demás y todo el cuerpo sabe lo que está pasando. Candance dice que nuestras emociones deciden "a qué vale la pena prestarle atención".

Cuando pensamos o interpretamos algo, incluso el autoconcepto de quiénes somos o cómo somos, ... el hipotálamo libera al torrente sanguíneo, un péptido que corresponde al estado emocional, cada célula tiene receptores en su superfcie que están abiertos a la recepción de estos neuropéptidos, así que todo el organismo es afectado por el estado emocional. Cuando los receptores de las células sufren un "bombardeo" constante de péptidos, pierden sensibilidad, y necesitan de más péptidos para estimularlos, esto nos torna adictos a los estados emocionales.

Cuando atravesamos experiencias emocionales repetidas, similares, que dan lugar al mismo tipo de respuesta emocional, nuestro organismo desarrolla la necesidad de este tipo de experiencias (adicción).

Te lo cuento de otra manera:

Si no puedes controlar tus emociones eres adicto a ellas. La adicción emocional se da cuando nuestro cuerpo se convierte en dependiente de las respuestas químicas que producen nuestras emociones. Tu cuerpo necesita repetir las mismas emociones con las que ha crecido y las hace surgir a través de los pensamientos.

Se trata de una de las adicciones más desconocidas, pero es de las más dañinas, ya que es difícil de reconocer.

Las **emociones** se suelen defnir como un complejo estado afectivo, una reacción subjetiva que ocurre como resultado de cambios fsiológicos o **psicológicos** que infuyen sobre el pensamiento y la conducta.

Las emociones nos impulsan a responder visceralmente. Las emociones evitan la lógica y las consideraciones, ya que permiten que nuestros instintos primitivos y sistemas de guía respondan con fuerza.

Lo malo es que las emociones pueden abrumar inapropiadamente la lógica e impedir que anticipes las consecuencias. La inundación de emociones te puede llevar a tener problemas e ignorar las consecuencias obvias y el aprendizaje adaptativo necesario.

Esto es lo que sucede con la adicción emocional. La carga de emociones que acuden a ti, esa ira o rabia, culpa, baja estima, ... te hacen perder la lógica. El dolor, la rabia, la humillación, inseguridad, miedo, … que sientes, te bloquean y hacen que no puedas reaccionar de acuerdo a tu raciocinio. Por eso es que las emociones te bloquean y no te dejan avanzar. Acuden a ti cuando menos te lo esperas y son las responsables de que no salgas de la zona en la que te encuentras viviendo. No te dejan avanzar en tu vida, y cuando lo haces, es con mucho esfuerzo.

¿Cómo pueden las emociones ser adictivas?

Te preguntarás cómo algo dentro de ti que es natural puede ser adictivo. En realidad, todas las adicciones están dentro de ti, en tu cerebro y cuerpo.

La adicción es una respuesta al placer intenso (o alivio) mediante el uso repetido de algún comportamiento, o la ingestión de alguna sustancia que alivia las molestias, más específcamente la ansiedad o el dolor.

En el caso de la adicción emocional, te "enganchas" a sentirte de una manera familiar. El costo de la adicción emocional es que vives a merced de los sentimientos provocados por las circunstancias y tus percepciones de estos eventos.

Los sentimientos abrumadores trascienden otras respuestas cerebrales, y no puedes tomar decisiones sensatas, ya que reaccionas a los impulsos no al raciocinio.

Vamos a ver la adicción emocional y como te impide tomar decisiones racionales con un ejemplo.

De pequeño te han hecho creer que no podrías llegar muy alto porque las matemáticas no eran tu fuerte. Te hicieron creer que no eras sufciente, y hoy sigues manteniendo esa emoción de ser menos o de tener baja estima.

Tu cerebro necesita más de esas emociones con las que has vivido, porque liberan tu ansiedad. Sigues sintiendo tristeza, culpa y baja estima. Esas emociones con las que has vivido vuelven a ti de manera inconsciente, las necesitas.

Aunque te cueste creerlo, te sigues sintiendo mal porque nos volvemos adictos a los químicos que segrega nuestro cuerpo cuando siente una emoción, sea esta buena o mala. Y sigues recreando las emociones negativas vividas a través de tus pensamientos. Por esto es tan importante que sigas anotando los pensamientos que acuden a ti que te he pedido para trabajar luego en ellos. Esos pensamientos son los que hacen surgir tus emociones, y éstas te paralizan.

El Dr. Joe Dispenza, investigador de física cuántica y neurociencia explica que "el cerebro está hecho de pequeñas células nerviosas llamadas neuronas. Las neuronas tienen pequeñas ramas que se extienden y conectan con otras neuronas para formar lo que se conoce como una red neuronal.

En cada lugar donde se conectan se incuba un pensamiento o un recuerdo. Fisiológicamente las células nerviosas se extienden y conectan entre sí".

Si algo se practica a diario y por tiempos prolongados las células nerviosas establecen una relación a largo plazo. Si te enfadas a diario, si te frustras, si sufres a diario, vas creando esa relación con otras células nerviosas que forman una identidad y se va formando el hábito o la adicción a esa emoción.

Cuando repetimos una acción constantemente las células van creando una memoria y es por eso que atraemos situaciones, deseadas o no, y pensamientos a nuestras vidas, para saciar el apetito bioquímico de las células y cubrir esa necesidad química.

El adicto siempre necesita un poco más de esta sensación o emoción para alcanzar el estado de euforia o la reacción química que busca.

El Dr. Dispenza dice que en realidad su defnición de adicción es muy simple y lo que signifca es que *si no puedes controlar tu estado emocional, eres adicto al mismo.*"

Digamos que cada vez que te han hecho creer que no eras sufciente, que eras miedoso, ... tú pensabas, no sirvo o te repetías lo que te decían sobre ti. Ese pensamiento negativo creaba una sensación de tristeza, ira, ... Has ido creando muchos péptidos de miedo, angustia, tristeza, ... Y ahora los "necesitas".

Con la repetición constante del mismo comportamiento, tu cerebro ahora necesita seguir sintiendo esas emociones que tanto se han repetido en tu vida. Tu cuerpo necesita más péptidos de ira, tristeza, inseguridad ... se ha vuelto adicto a la sustancia química que producen esas emociones.

Todo lo que hagas para combatir el miedo y todas tus emociones limitantes, tu cuerpo no lo acepta, ya que necesita más emociones conocidas (esa adicción emocional). Hasta que no lo racionalizas y enfrentas el pensamiento que lo produce, el miedo y las emociones negativas vuelven a ti. Por mucho que repitas pensamientos positivos o hagas otro tipo de terapia, los pensamientos hasta que no los enfrentas siguen acudiendo a ti cuando menos te lo esperas.

Necesitas tomar conciencia de ti mismo, de lo que sientes y piensas, para dejar a un lado los pensamientos que no te pertenecen, que están ahí porque te los han impuesto y solo te generan emociones limitantes. Solo así, podrás dejar aforar tus verdaderos pensamientos y por tanto tus sinceras emociones.

Tu cuerpo ha tomado el control de tu cerebro. Es un fenómeno fsiológico que no puede controlarse "pensando". Hasta que no comiences a abordar las heridas internas y romper el ciclo de adicción a los péptidos, los químicos traumáticos del cuerpo no retrocederán ... al hacerlo, tu cerebro le seguirá de forma natural.

Ahora puedes comprender que al vivir habitualmente en cierto estado emocional y reaccionar habitualmente con un patrón emocional, reforzarás un vínculo cada vez mayor entre tu cuerpo y esa emoción en particular.

Queramos o no, somos adictos a los químicos y emociones que se producen en nuestro cerebro y cuerpo como reacción al entorno y a nuestros pensamientos.

Esos químicos afectan el estado de ánimo, las acciones, las creencias, las percepciones sensoriales e incluso lo que aprendemos, cualquier interrupción de ese nivel químico habitual nos provocará incomodidad y haremos todo lo posible consciente o inconscientemente para restablecerlo.

Por eso es tan importante que reviertas la química de tu cuerpo y dejes que tus pensamientos de verdad surjan. Y esto ¡lo puedes hacer! La ciencia está de tu lado, tu cerebro puede cambiar. Así nos lo confrma la **neuroplasticidad**: capacidad del cerebro para adaptarse y cambiar como resultado de la conducta y la experiencia.

Puedes. Aunque ahora te parezca difícil puedes deshacerte de estas emociones negativas causadas por esos pensamientos que no te pertenecen, para tener una vida plena y saber realmente quien eres. La plasticidad neural confrma que puedes cambiar esos pensamientos y controlar con ello tu destino. Porque no olvides que eres lo que crees ser.

No te asustes creyendo que no vas a salir de la adicción a esos pensamientos que te paralizan. Lo vas a hacer, con tu trabajo personal.

Candance Pert y la neurología nos confrman la plasticidad del cerebro.

La plasticidad cerebral nos dice que **podemos "cambiar el cableado"**, reordenar las conexiones entre las células o redes neuronales (neuroplasticidad). La plasticidad del cerebro además nos confrma como también el cerebro puede producir nuevas células cerebrales (neurogénesis) **en cualquier edad de la vida**; estos son dos descubrimientos revolucionarios de la neurociencia.

Puedes producir nuevas células cerebrales con nuevas emociones que te van a ayudar a tener la vida que realmente quieres y mereces sin importar tu edad.

Tomar consciencia de los pensamientos que te han venido lastimando y ver que no son ciertos, te va a dar espacio para conectar contigo y tus pensamientos propios. Esos que has tenido que guardar por considerar que no eran válidos, al haber asimilado que tenías que seguir lo que los demás esperaban de ti.

Nunca es tarde para dejar atrás la adicción emocional con todos esos pensamientos grabados a sangre en ti. Da igual la edad que tengas, la neurociencia dice que puedes, así, que no te eches atrás pensando que es demasiado tarde para ti y que no merece la pena. Siempre es un buen momento para cambiar esas emociones y vivir plenamente y feliz controlando tu destino.

Nunca es tarde para descubrir tu Yo, conectar contigo con tus emociones y pensamientos. Siempre es el momento perfecto para sentir todo eso que has guardado en algún lugar dentro de ti. Es hora de ver quien eres, de ver todo lo que vales y todo el poder que llevas dentro de ti.

Ten preparado lápiz y papel o un documento en tu tablet u ordenador porque vas a empezar a trabajar ya no solo en reconocer esos pensamientos que generan tus emociones negativas, sino en sustituirlos por los tuyos de verdad para poder estar más fuerte y tranquilo/a. Con tus verdaderos pensamientos vas a sentirte con fuerza, con poder. Porque eso es lo que eres una persona poderosa preparada para brillar.

3.2 Método RAN ©

Como especuló Freud, la mayoría de los componentes emocionales se ponen en marcha de manera no consciente. Esto es, tus miedos, tu ansiedad, inseguridad ... se "activan" en ti de manera inconsciente, sin tú proponértelo. Por eso tienes que llevar al plano de la conciencia tus emociones, analizarte. Tienes que llevar al plano de la consciencia los pensamientos que producen tus emociones. Hacer consciente lo inconsciente es lo que te va a ayudar a poder cambiarlo. Para lograrlo te dejo el Método RAN ©, que es un método que **se basa en autocuestionarse para conocerse y poder así encontrar quienes somos en realidad.**

Gracias al Método RAN © vas a poder identifcar tus emociones, miedos y creencias que tanto dolor te causan. Vas a poder hacerlas conscientes y modifcarlas, porque no puedes cambiar aquello de lo que no eres consciente.

Identifcar tus emociones y pensamientos actuales y cambiarlos por los tuyos de verdad, crea un cambio de tu yo anterior que estaba viviendo constantemente los resultados de la impotencia, la inutilidad y la victimización, transformándolos en tu verdadero YO. Con ello tu autoestima, lo que piensas de ti cambia y desaparecen todas tus emociones limitantes, esos miedos que te paralizan. No olvides que tu autoestima, esa visión positiva de ti, es otro de los factores que infuye en el desarrollo de la resiliencia.

Así que vamos a empezar a encontrar a ese maravilloso ser. De ahora en adelante vas a empezar a trabajar en reconocer los pensamientos que han grabado en ti para poder desecharlos y sustituirlos por los tuyos propios, vas a poder conocerte, pero para ello primero debes de ver la persona que han creado, la persona que ahora ves en el espejo, pero que no eres tú.

Cuando consigues llegar a tu Yo de verdad, al que nunca has permitido ser, tu estado emocional, mental y hasta de salud cambia. Es cuando empiezas a estar empoderado y ser por fn feliz.

Como has leído antes tus emociones vienen creadas por tus pensamientos. Estos pensamientos que se repiten de manera automática en ti son los que crean tu ansiedad, inseguridad, miedo, alegría, ... Por eso para empezar a cambiar esa química negativa en ti y lograr conectar con tú yo de verdad y con tus verdaderas emociones debes empezar reconociendo qué es lo que piensas para sentir esa determinada emoción y aplicar a ese pensamiento todos los pasos que aquí te dejo.

A. Reconocer el pensamiento

B. Cuestionar el pensamiento

C. Analizar cómo te sentirías si tu pensamiento no fuera verdad

D. Tómate el tiempo de saber que hubieras sentido con ese pensamiento, ¿hubieras reaccionado de una manera diferente?

E. Invertir tu pensamiento y disfrutar de la nueva emoción

A. Reconocer e identifcar tus pensamientos y emociones

Debes observar cada día cuándo te pones mal, triste, irascible, depresivo. Tienes que descubrir cuál es el detonante de tus pensamientos negativos. No olvides que las emociones vienen a ti de manera automática (la química). Y la única manera de conseguir que estos pensamientos dejen de acudir a ti, es invirtiendo el proceso químico de tu cuerpo.

Lleva tiempo, pero lo vas a conseguir. Recuerda que se trata de hacer consciente lo inconsciente, de racionalizar tus pensamientos para poder modifcarlos. Una vez que has entendido por qué sigues generando pensamientos negativos, los necesitas, has de pasar a racionalizarlos para poder modifcarlos.

Esto lo vas a hacer en un proceso de cinco pasos. No te saltes ningún paso con ningún pensamiento para que sea efectivo. No hay atajos para el autoencuentro o toma de conciencia. Es cuestión de trabajo personal.

El **primer paso** para modifcar tus pensamientos y así tus emociones es **identifcar los pensamientos** que producen tus emociones negativas.

En este proceso te vas a conocer mejor que nunca porque debes observar cada emoción tuya y cada pensamiento en tu mente. Es importante saber qué piensas cuando las sensaciones negativas acuden a ti para que no te paralicen más.

Cuando "pesques" el pensamiento negativo que hace que te sientas mal, has de hacer lo siguiente paso por paso. Por favor es muy importante, hazlo cada vez que te des cuenta de que un pensamiento que te daña esté en ti.

Puede que en un principio te cueste darte cuenta de tus pensamientos negativos y que lo hagas una vez la emoción te haya invadido (es lo primero que reconoces, tu estado anímico). Empezarás identifcando la emoción primero, tu angustia, tristeza, ... para posteriormente analizar qué has pensado para sentirte así. La práctica es lo que va a hacer que mejores y cada vez identifques tus pensamientos de manera más sencilla.

Un buen ejercicio para ayudarte a reconocer tus emociones y pensamientos, es que antes de acostarte, repases mentalmente tu día. Eso sí, siempre tu cuaderno al lado. El momento de tranquilidad y soledad escógelo tú. Para algunas personas funciona la noche para otras mejor temprano por la mañana. Lo importante es que repases tu día, sepas ver cómo te has sentido, y anotes cuándo no te has sentido bien. Entonces pregúntate a ti mismo qué es lo que te ha hecho sentir mal.

Puede haber sido simplemente el comentario de otra persona, o una simple mirada. Pero al fnal el/la responsable de que ese comentario te haya puesto mal eres tú. Lo habrás traducido a un pensamiento negativo, y automáticamente te habrás sentido ansioso, triste, enfadado, ... Se trata de que aprendas a reconocer los pensamientos que generan tus emociones.

Llegará el momento en el que te darás cuenta de tu emoción en el momento, y más tarde verás el pensamiento que la produjo. Cada vez el proceso será más rápido en tu mente y serás capaz de reconocer el pensamiento "maldito" que te hace sentir mal en el momento en el que se produce y trabajar en modifcarlo en ese instante.

Recuerda analizar cada sentimiento y cada pensamiento que creó esa emoción, porque debes de parar e invertir la química de los pensamientos actuales. Lleva trabajo y solo tú puedes hacerlo. Solo localizando los pensamientos presentes, sabiendo cuáles son, podrás trabajar en cambiarlos.

No olvides el fn de tomarte tanto trabajo. Se trata de parar la química que hace que sigas en ese pozo para que puedas por fn encontrar todo tu valor. Así que aunque te cueste, por favor hazlo, anota cada emoción.

Es muy importante que seas consciente de los pensamientos que provocan tus emociones negativas, porque solo bajo la consciencia de que los tienes puedes empezar a aplicar el proceso de reestructuración cognitiva, para cambiarlos y con ello cambiar la química para que tu cuerpo solo atraiga sensaciones que te producen alegría y felicidad y tu mente no se paralice a la hora de tomar decisiones.

¿Y qué hacer con un pensamiento que te produce una mala emoción y sentimiento? Vamos a verlo.

Pasos cada vez que identifques un pensamiento:

- Preguntarte si ese pensamiento es verdad

- Piensa cómo te sentirías si ese pensamiento no fuera verdad

- Cómo te hubieras sentido y reaccionado si ese pensamiento no fuera verdad

- Invertir tu pensamiento

B. ¿Tu pensamiento es verdad?

Quien no se cuestiona nada en esta vida no aprende ni avanza. Así que tú debes cuestionar cada uno de tus pensamientos.

Con cada pensamiento que identifques que no te hace sentir bien debes cuestionarte si ese pensamiento es verdad. Al principio se te hará raro, pero una vez más, es cuestión de práctica.

Has crecido y vivido pensando que tus pensamientos son verdad, ¿pero estás seguro/a si realmente lo son? Ponte a prueba.

Por ejemplo: esta mañana has reaccionado con ansiedad en el pecho y sintiéndote que no vales porque una amiga ha hecho un comentario que tú has tomado como una amenaza. Automáticamente has pensado "algo he hecho mal, ya no me van a invitar más a tomar café con ellas, no les gusto". Ahora has de preguntarte, si realmente has hecho algo mal. Estás segura, o simplemente lo crees. Por qué piensas que no les gustas. Estás segura de que es así. Qué motivos tienes para creer eso.

¿Estás realmente segura o seguro de que lo que piensas es verdad? Si es así, date una explicación que justifque claramente que es así. Y esa explicación, por favor cuestiónala también. ¿Hay algo de cierto en esos pensamientos que te han generado angustia?

Es importante que veas que los pensamientos que te generan algunas emociones de manera automática, no son verdad, solo así podrás cambiarlos. Para ello, para buscar la verdad, debes cuestionar y razonar cada pensamiento que acude a ti. Pregúntate de manera sincera si los pensamientos que tienes son ciertos y por qué lo son o no lo son. Por favor no trates de hacerte daño y de no creer en ti. Sinceridad. No tienes que justifcarte ante nadie solo te respondes a ti. Atrévete a ver la verdad por favor, lo mereces. Y no busques ningún "pero" a la verdad.

Si eres capaz de parar y analizar cada pensamiento te vas a dar cuenta de que no hay razón que justifque tus pensamientos negativos. Simplemente son las creencias con las que has vivido, nada más. No hay nada que justifque ni demuestre tu poca valía, tu miedo, tu culpa,... Son los pensamientos que han grabado en tu mente. Así que por favor, ya es hora de que cambies de gafas, las limpies para que veas solo la verdad.

Todas esas creencias que se han seguido repitiendo en ti hasta hoy, no son pensamientos ciertos. Te has aferrado a ellos para seguir obteniendo más péptidos de tristeza, ansiedad, culpa. Pero míralos objetivamente. ¿Puedes demostrar que no vales?, ¿que es culpa tuya lo que has sufrido?, ...No y un absoluto no. No hay manera de demostrar todas estas cosas porque no son ciertas. No trates de añadir "peros". Sé que lo haces porque te cuesta creer la verdad. No hay manera de demostrar que estas barbaridades que te han hecho creer sean ciertas. Eres un ser grande, bello, permítete conectar contigo.

Hazte la pregunta de si tus pensamientos son ciertos por activa y por pasiva y siempre date una respuesta justifcada. No dejes que la primera respuesta que viene a tu mente te pueda. Esa es la que tu cuerpo atrae. Respira, sé sincero/a contigo y siente la verdad.

Cuando experimentas la verdad tu cuerpo no reacciona mal, al revés, se relaja y se siente bien. Escucha a tu cuerpo, a tu corazón. Nunca se equivocan. La verdad no te permite sentir estrés ni ansiedad, la verdad te trae paz.

Solo razonando que los pensamientos que acuden a ti para destrozarte no son ciertos podrás empezar a no repetirlos.

43

Recuerda que se trata de hacer consciente lo inconsciente, ya que solo puedes modifcar aquello que llevas al plano de la consciencia.

Permítete cuestionar los paradigmas con los que has vivido durante tantos años y te darás cuenta de que el "eco" de los pensamientos que te han grabado a lo largo de tu vida, era lo que no te permitía escuchar tu propia voz interior. No la ahogues más, déjala salir. Deja que la verdad afore. Solo con la verdad vas a ser capaz de ver quién eres en realidad y sacar todo tu potencial, vas a poder empoderarte. Permítete sentir la verdad.

C. ¿Si tus pensamientos no fueran verdad, cómo te sentirías?

Tu cerebro está todo el tiempo activo, los pensamientos vienen a ti, no te puedes esconder de ellos incluso cuando tratas de hacer cosas para no pensar. Mantenerte activo no sirve para escapar de ellos. Aparentar que estás bien, tampoco los desvanece.

Es importante que los empieces a identifcar y saber cuando acuden a ti. Qué situaciones los despiertan y las emociones que te producen. Has visto que los pensamientos crean emociones en ti, que hacen que tu cuerpo necesite más de esas emociones.

Hasta ahora has creído en tus pensamientos, y como eran negativos estos han generado emociones negativas en ti. La química en tu cuerpo los ha multiplicado porque te has vuelto adicta/o a ellos. El cuerpo te pide más péptidos de miedo, ansiedad, inseguridad, ira, vacío, ... Y automáticamente ciertas situaciones en la vida te generan los mismos pensamientos negativos que a su vez te ocasionan más sensaciones de miedo, angustia, ... Un círculo del cual no puedes salir. Pero has visto que tus pensamientos no son ciertos. Incluso has razonado que no lo son. Ahora debes empezar a cambiar la química en tu cuerpo. ¡Puedes!! Eres fuerte. Sigue luchando.

Ahora toca el siguiente paso a aplicar a tus pensamientos:

¿Qué sientes cuando sabes que tus pensamientos no son ciertos?

Respiras, el gesto de tu cara cambia y te relajas. Los sentimientos negativos desaparecen y aparece la luz en tu cuerpo. Sientes paz, tranquilidad. No más miedo ni inseguridad. Eres capaz desde la calma afrontar situaciones de conficto, resolver problemas, y con ello sentirte más seguro. Es bueno sentir esto ¿verdad? Felicítate. Porque has comenzado a invertir el proceso químico de las emociones. Has permitido que tu cuerpo sienta sensaciones positivas, y si sigues practicando cada día sentirás más y más sensaciones positivas, hasta que llegue el punto en el que tu cuerpo sea lo único que quiera. Te volverás adicto a las emociones buenas.

No seas incrédula/o. Hazlo. La química manda no olvides que hasta ahora ha gobernado tu cuerpo y tus pensamientos.

Cuando empiezas a liberar emociones positivas, generas nuevos péptidos en tu cuerpo. Al principio tendrás que trabajar mucho en crear estas nuevas emociones, ya que le resultan extrañas a tu cuerpo, y éste seguirá buscando los péptidos de las emociones negativas. (al igual que en cualquier otra adicción tu cuerpo va a seguir buscando más sustancias químicas de las que está acostumbrado).

Pero sigue peleando. ¿no lo has hecho siempre? Un poco más, te queda poco para ser libre de la química negativa de tu cuerpo.

D. ¿Cómo te hubieras sentido y cómo hubieras reaccionado sin ese pensamiento?

Has podido sentir que cuando sabes que tus pensamientos nos son verdad, automáticamente experimentas una sensación de tranquilidad, te sientes bien, en paz.

Por un momento piensa cómo te hubieras sentido si frente a una situación dada de angustia no hubieras sentido congoja. Qué hubieras hecho. ¿Hubieras reaccionado de una forma diferente?

Las sensaciones negativas como el miedo, la culpa, la ansiedad, ... limitan. Lo negativo te paraliza, y cuando reaccionas así ante situaciones de la vida muchas veces te pierdes de hacer cosas o haces cosas que no son buenas para ti, pero te producen alivio. Es ese autosabotaje del que tienes que huir.

Ese miedo, culpa, ira, ... que tu cuerpo necesita, hace que ante situaciones en la vida crees pensamientos negativos que generan esas sensaciones que tu cuerpo necesita. Lo que ocurre es que estas sensaciones negativas te hacen actuar de una manera muy diferente a si no las sintieras. Te impiden que hagas cosas, como que vayas a un examen sabiendo toda la materia y cinco minutos antes del examen te marees o pierdas el autobús para llegar a no hacerlo. O te hacen hacer cosas para aliviar esa ansiedad, como encender un cigarro, salir a comprar, comerte una tableta de chocolate entera, ... Todavía no sé de nadie que sus sensaciones negativas le inviten a salir a hacer deporte. Por qué, porque el deporte te generará química buena, y tu cuerpo necesita más de la mala, es adicto a ella.

Piensa cuántas veces en la vida tus pensamientos negativos te han paralizado, siendo tú solo el que has creado la situación negativa que los genera. De manera automática la idea y pensamiento reforzado de "no valgo", "no lo voy a conseguir", ... ha acudido a ti, te has paralizado, te has angustiado, y esto ha hecho que a su vez refuerces tus pensamientos negativos de que no vales.

¿Ves en el bucle que te metes tú solo? Por eso, debes afrontar cada pensamiento, cada emoción, y luchar para revertirlos. Porque tú solo tienes el poder de hacerlo. Tu cerebro ahora lo controlas tú.

La manera de empezar a revertir estos pensamientos no ciertos y las emociones que te generan, es empezar a sentir cómo hubieras estado sin esas bombas atómicas en tu cerebro.

Ahora las cadenas, las heridas, te las pones tú. Sí, tu madre/padre, tu pareja, amigo, profesor, ... te enseñaron a sentir miedo, angustia, baja estima, ... pero ahora has entendido que es tu cuerpo el que necesita esas emociones. Pero también has visto que puedes revertir el proceso químico en él. Hazlo. Cuesta, necesitas de un esfuerzo y trabajo diario pero merece la pena. Ahora tus pensamientos los controlas tú. Permite que solo entre a tu cerebro la verdad. Date la oportunidad de conocerte, de ver quién eres, para así ver lo que realmente vales y de lo que eres capaz.

Aprecia cómo las emociones positivas son contagiosas, cómo tu vida se vuelve más fácil generando emociones positivas. Tu química positiva va a hacer que la vida te sea más fácil. Estás entrando en la espiral positiva de los pensamientos y emociones. Tus heridas empiezan a desvanecerse, no las necesitas más. Sacar toda esta negatividad de tu cerebro te permite conectar con tu Yo de verdad y apreciar quién eres en realidad, aumentar tu autoestima.

Tomate el trabajo diario de anotar tus emociones y de descubrir los pensamientos que las producen. Anota al lado de cada pensamiento cómo te hizo reaccionar dicho pensamiento Y al lado, escribe cómo hubieras podido reaccionar sin ese pensamiento negativo. No hubieras encendido un cigarro, no te hubieras estresado y sacado tu ira, no hubieras dudado, te hubieras atrevido... Siéntelo. ¿No es maravillosa la sensación de no sentir presión y miedo?

Te sientes mejor solo de experimentar cómo te hubieras sentido. Recuerda que el cerebro no distingue si la sensación positiva está ocurriendo ahora, o solo la has sentido. Lo importante es que tu cuerpo sienta emociones positivas para que necesite más y más de ellas.

Permite que tu cuerpo se rinda ante los nuevos péptidos de alegría, paz, tranquilidad, confanza, valor, ... que estás creando.

Solo así, lograrás "echar" a los péptidos negativos que te han acompañado toda tu vida. Una vez la química haya hecho su trabajo, no necesitarás nada para encontrarte bien. Será "tu estado natural".

Practica este ejercicio con cada uno de los pensamientos que te atormentan y que has ido apuntando en tu cuaderno, y disfruta de la emoción que da el no tenerlos. Disfruta la sensación de no sentir culpa, ni miedo, de no tener emociones que te limiten. Siente cómo tu cuerpo reacciona ante las sensaciones de valor, seguridad, amor propio.

Por último, ese pensamiento que has localizado, reviértelo. Lee cómo en el siguiente punto del método.

E. Inversión de tus pensamientos

Para que las buenas emociones se queden contigo y tu cuerpo se vuelva adicto a ellas te queda una cosa más para hacer con tus pensamientos. Debes invertirlos.

La inversión se trata de ver la realidad, no la realidad que tú has creado durante tu vida.

Signifca que limpies las lentes con las que miras la vida y no la veas más empañada.

Cada vez que identifques un pensamiento, lo cuestiones, veas que se siente si no fuera cierto, y sientas qué hubieras hecho sin él, luego debes invertirlo. Si lo inviertes, la verdad va a aparecer y te va a hacer sentir bien. Tus emociones pasarán a ser positivas y entrarás en el círculo de la química positiva. No lo podrás parar.

Cada vez que sientes una presión en tu pecho piensas "lo he hecho mal, no me quiere, no soy lo sufciente buena, ...". Después de ver que estos pensamientos no tienen ninguna lógica ni razón de ser, has sentido cómo te encontrarías si no sintieras las sensaciones negativas que te producen esos pensamientos.

Ahora tienes que dar un paso más, tienes que revertirlos "lo he hecho bien", "me quiere" "soy lo sufcientemente buena/o", "lo voy a conseguir", "no hay nada que me impida hacerlo" ... disfruta de lo que sientes. La química empieza a trabajar de nuevo en ti, pero esta vez para ayudarte a salir del abismo en el que te encuentras.

Vas a empezar a notar la diferencia en ti, casi sin esfuerzo. Vas a sentir que tus miedos no vuelven más a ti ante situaciones que te generan estrés. Porque tu cuerpo ya no va a querer más pensamientos negativos. Va a necesitar sensaciones buenas y para ello tú no vas a autosabotearte, ni culpabilizarte, ni sentirte insegura/o.

¿Por qué? Porque todos los pensamientos que generaban esas emociones no son ciertos y no volverán más a ti. Tu cuerpo ya no los necesita. No necesitas crear más péptidos de miedo, angustia, vacío, ... Sin esas emociones negativas tan poco tienes comportamientos negativos. La espiral empieza a girar hacia arriba. ¿Lo ves? ¿Pero sobre todo, lo sientes?

Cuando comprendes que tus pensamientos embutidos en tu cerebro no son la verdad, y que solo te han traído malestar, empieza a modifcarlos.

Es importante que recuerdes que tu malestar es un aviso de tus pensamientos erróneos. Tus emociones negativas están gritándote que estás confundida/o en tus pensamientos. Tu cuerpo con sus dolores, te está diciendo que esos pensamientos no son tuyos.

Sin esas sensaciones negativas, no vas a tener límites para conseguir todo aquello que te propongas; no vas a dudar más de si lo estás haciendo bien en tu negocio o en tu vida privada. No vas a cuestionar tu valor, ... Vas a ver todo lo que vales y quien eres en realidad. Vas a abrir la caja de Pandora y te vas a maravillar de todo lo bueno que llevas dentro: TU YO VERDADERO.

De ahora en adelante cada vez que estas emociones de vacío acudan a ti, párate, analiza el pensamiento que las creó y aplícale los pasos que has visto: ¿es verdad lo que piensas?; ¿Cómo te sentirías si no lo fuera?; ¿qué hubieras sido capaz de hacer sin ese pensamiento? Invierte el pensamiento y disfruta de la sensación.

Cuestiona cada uno de tus pensamientos, es la única forma que tienes de avanzar, crecer como persona y ver el gran cambio en ti. Cuando tu mente esté sana, libre de esos pensamientos que te hacen daño y que no son verdad, no sufrirás más. Tus heridas no se reabrirán más, porque no estarás adicta/o a las emociones negativas, no los necesitarás más y podrás ver claro qué es lo que te mueve en esta vida, podrás ver realmente quien eres y sacar todo el poder que llevas dentro.

Cambia tus pensamientos para poder cambiar tus emociones.

Deja que tu cuerpo se haga adicto a las nuevas sensaciones y sin tú hacer nada más, la alegría vivirá dentro de ti.

No te alejes más de la realidad, acéptala. La vida que habías visto hasta ahora no era verdad, simplemente un montón de pensamientos que habían programado en ti.

Ahora es el momento de que seas quien realmente eres y quien tú quieras crear.

Se trata en todo momento que hagas consciente lo inconsciente, ya que es la única manera de eliminar esa programación en automático de tus pensamientos y emociones limitantes.

EJERCICIO

Para que tu distorsión cognitiva (percepción errónea de la realidad) se desvanezca, y rompas la química de tus pensamientos negativos por favor haz los ejercicios que te propongo:

Cuando te sientas mal, trata de averiguar qué has pensado para sentirte así y apunta el pensamiento en tu bloc. Las emociones que sientes son creadas por tus pensamientos. Cada pensamiento que apuntes en tu cuaderno tras haber sentido una emoción negativa, has de cuestionarlo. Al fnal del día con tu libreta en la mano, repasa tus pensamientos. Y uno por uno pregúntate si son ciertos. Sé sincero/a contigo mismo/a, no hay más necesidad de torturarse. Ahora nadie te vigila, excepto tú.

¿Es realmente cierto lo que piensas? Escríbelo. No divagues porque tu mente te puede jugar una mala pasada. Al lado de cada pensamiento escribe "¿es cierto esto?". Por favor anota también la respuesta. Sé honesto contigo mismo y anota también la justifcación a tu respuesta. No trates de engañarte, además de cuestionar el pensamiento justifca tu respuesta de que no es cierto o de que lo es.

Lo siguiente que has de hacer es preguntarte a ti mismo cómo te sentirías si ese pensamiento que te ha hecho sentir mal no fuera cierto. Escribe al lado del pensamiento: "cómo me sentiría si mi pensamiento no fuera verdad".

Estoy convencida de que si te pones frente al espejo vas a poder ver la reacción de tus facciones. Te vas a relajar automáticamente al sentir qué experimentarías si ese pensamiento que te ha torturado no fuera cierto. Anota en tu bloc cómo te sentirías sin él, sin ese pensamiento negativo, anótalo.

Añade algo más. Cuéntale a tu bloc cómo te hubieras sentido sin ese pensamiento, cómo hubieras actuado, qué hubieras hecho sin él. ¿Sientes la diferencia? Si el pensamiento negativo no hubiera acudido a ti no te hubieras puesto triste, o la ira no hubiera salido de ti y no te hubieras paralizado.

Y por último. Al lado de cada pensamiento escribe ese pensamiento invertido. Si has pensado "no valgo" escribe "valgo", si has pensado "lo he hecho mal" escribe "lo he hecho bien". Y siente la emoción nueva que te invade. Disfrútala. Esta nueva emoción es el principio del cambio, y el fnal de todas tus limitaciones.

Has empezado a modifcar la química en tu cerebro. Has empezado a alimentarlo de péptidos positivos. Esto es contagioso. Cuantas más veces analices tus pensamientos, los cuestiones y veas cómo podrías sentirte sin ellos, la química empezará a trabajar a tu favor. Sentirás la paz y la tranquilidad que da el tener pensamientos positivos, y entrarás en la dinámica de cada vez necesitar más. Hasta que llegue el punto en el que no tengas que hacer todo el proceso de forma consciente y sea la propia química de tu cuerpo la que trabaje para ti.

Después de este largo ejercicio del Método RAN©, para modifcar la química de tu cerebro y dejar de lado tu adicción emocional tu cognición ha cambiado. (Cognición es la facultad que tienes para procesar información a partir de la percepción).

Ahora, tu percepción de la realidad ya ha cambiado en tu cerebro. Ya no percibes más el miedo sino la paz y tranquilidad. Y es adictivo.

Lo que percibes ahora no es lo que habías grabado en tu mente para ajustarte a los parámetros de tu entorno.

Tu percepción de la realidad ahora es consecuencia de tus verdaderos pensamientos y sentimientos. Has sido capaz de conectar contigo mismo, con tu verdadero ser.

Lo bueno es que estos nuevos pensamientos que surgen al invertir los no ciertos, generan emociones positivas en ti, que crean nuevos péptidos en tu cuerpo. El proceso químico ha empezado en ti y no hay marcha atrás. De ahora en adelante vas a necesitar solo péptidos creados por emociones positivas.

Eliminar los pensamientos grabados en ti que te limitaban, te ha liberado para ver realmente quien eres, todo tu valor y potencial. Sin ninguna creencia limitante eres libre para tomar las decisiones correctas, para ver lo que vales, factor que infuye en el desarrollo de tu resiliencia.

4. Cómo desarrollar Resiliencia

Ante todo hay que ser consciente de que es un proceso. No es algo que solo leyendo en qué consiste y qué puedes hacer para desarrollarla, vaya a surgir en ti. Necesitas tiempo. Pero recuerda que es algo que se puede aprender. Ya has visto que hay factores como el apoyo y amor en la familia, el desarrollo de la autoestima, el conocimiento de tus emociones, y tener una buena capacidad de resolución de conflctos, ayuda a ser más resiliente.

Como es algo que puedes hacer crecer en ti, te dejo unos puntos en los que tienes que trabajar para que puedas desarrollarla a tu máximo exponencial:

4.1 Reconoce que ya eres resiliente

Has sufrido dolor emocional y quizá un agotamiento por no lograr aquello que querías. Has superado una infancia y adolescencia dura, o has conseguido apartarte de una relación de pareja que te estaba destruyendo. Te has repuesto después de perder un trabajo y has encontrado otro, ... ¿No crees que eres muy fuerte? Has superado cada obstáculo aunque te haya costado, ... ¿No crees que eres ya una persona resiliente capaz de superar las adversidades? Por favor reconoce tu fuerza en ti.

Es muy importante que empieces a ver sin avergonzarte tus cualidades, tus puntos fuertes. Y sobre todo es hora de que veas todo lo que te has esforzado en esta vida y lo bien que lo has hecho. Claro que se puede mejorar, todo es mejorable, pero es bueno y necesario que puedas darte una palmadita en la espalda de reconocimiento por lo fuerte que has sido resolviendo tu vida con las herramientas que tenías.

¿Lo vas a hacer mejor? sí. Quieres seguir aprendiendo y mejorando, pero necesitas ver y reconocerte que lo has hecho lo mejor que has podido con las herramientas que contabas.

4.2 La adversidad por la que estás pasando es tal

Cuando te has visto envuelto en problemas, o en una situación complicada, seguro que no has podido reconocer que así era. Y es que tendemos a esconder nuestros "problemas" a no hablar abiertamente de ellos y lo que es peor, hasta tratamos de obviarlos y seguir para adelante. Nos han enseñado a avergonzarnos de las cosas que salen mal en lugar de mostrarnos el aprendizaje de las cosas que no han salido tan bien. Todo es un aprendizaje, todo suma y nos aporta, incluido lo malo.

Por eso es muy importante que empieces a aceptar que el momento por el cual estás pasando es una crisis, una situación traumática o un momento difícil. No te avergüences no reconociendo tus difcultades. Si hay algo que te paraliza y te causa dolor, admite que existe. No hay nada malo en ello. Por el contrario, esconderlo, te deja estancado, no aceptarlo, no te permite solucionar el problema y aprender de ello.

Cuando aceptas que estás frente a una situación complicada, que no tienes herramientas para arreglarla, te abres a aprender a hacerlo, a mejorar como persona, a ser resiliente.

4.3 Evita ver los problemas como insuperables

No vas a poder evitar tener momentos difíciles en la vida. Pero empieza a verlos de diferente manera. No creas que son obstáculos insalvables. Todo en esta vida puede cambiar. Personalmente algo que he aprendido en mi vida es que por lo único que realmente hay que preocuparse es por la salud. Lo demás de una manera u otra se soluciona.

Si cuando aparece un problema, empiezas a pensar que no lo puedes superar, comienzan a aforar tus emociones de inseguridad, ansiedad, ... y claro te limitan, llevándote a que el problema no se pueda solucionar.

Digamos, que refuerzas tus limitaciones con esos pensamientos (no olvides cuestionar estos pensamientos cuando acudan a ti, ya que aparecen en ti por la adicción emocional, no porque sean ciertos). Al repetirte y justifcar tus pensamientos negativos, la solución la alejas cada vez más. Así que empieza a aceptar los problemas como oportunidades de aprendizaje, nunca como algo que no puedes superar. No puedes terminar una carrera si en la línea de salida estás pensando que ni vas a llegar a la meta. Date la oportunidad de solventar las dificultades, aprovechando todo lo que tienen para enseñarte.

4.4 Acepta que hay cosas que están fuera de tu control

Solo puedes cambiar lo que depende de ti. Lo demás no puedes cambiarlo. Ante una difcultad siempre piensa qué es lo que tú puedes aportar para superarla. Si no depende de ti, acéptalo y camina en otra dirección. Si no te gusta tu jefe en el trabajo y eso te hace infeliz, busca otro trabajo. Siempre hay problemas que no podemos cambiar, que el cambio está fuera de nuestro alcance.

Debes ser consciente de que hay cosas que dependen de ti y otras que no.

De ti dependen tus acciones, opiniones, inclinaciones, deseos y aversiones. Lo demás no depende de ti y no puedes modifcarlo.

Tratar de esforzarte en cambiar algo que no depende de ti es agotador, y solo te crea frustraciones.

Ante un dilema cuando te sientas mal, primero siempre debes preguntarte si esos pensamientos que te atormentan vienen causados por algo que depende de ti o no.

Por ejemplo si te sientes angustiado y el motivo es que estás incómodo en el trabajo, pregúntate el porqué de esa incomodidad. Si es porque no te abres a la gente, crees que puedes hacer mejor tu trabajo, o crees que a los demás no les caes bien, cambia y haz mejor tu trabajo, o sé más sociable con la gente o bien razona eso de no caer bien a los demás, ya que puede ser algo que está en tu mente. Pero si la incomodidad viene causada por el mal carácter de tu jefe, tienes que ser consciente de que no lo puedes cambiar. Así que o bien lo aceptas como es y entiendes que eso no debiera de afectarte y que no hay nada que puedas hacer tú para endulzar su carácter, o bien te pones a buscar otro trabajo. Ofuscarte por una situación que no depende de ti solo te trae más frustración, lo cual te limita para avanzar hacia donde quieres llegar en la vida.

Dar vueltas a algo que no puedes cambiar te paraliza. Te va envolviendo cada vez más en una nube más grande de angustia, ansiedad, ... que no te deja actuar, y que cada vez crece más ante la impotencia de no poder modifcarlo.

Cuanto antes puedas reconocer las cosas que no dependen de ti, más vas a avanzar hacia tu crecimiento personal. Cuando reconoces que hay cosas que no eres capaz de modifcar simplemente porque no está en tus manos hacerlo, te quitas un gran peso de encima y puedes caminar más ligero hacia tus objetivos.

Ser consciente de que solo ciertas cosas dependen de ti, es darte la oportunidad de centrarte aún más en ti, de hacer como una especie de efecto lupa.

Si dejas de preocuparte, de sentirte mal por cosas que no puedes cambiar, y usas toda esa energía en las cosas que sí puedes cambiar, magnifcas el esfuerzo que le pones a esas cosas y puedes hacer que sucedan de una manera más fácil.

Deshacerte del peso de lo que te causa dolor y no puedes cambiar, te aligera y hace que te centres más en ti. Descargar emociones que te limitan te hace sentirte con más fuerza.

No olvides que intentar controlar lo que no puedes cambiar, solo te trae tormento y que bajo esa 'neblina" no puedes avanzar.

Tratar de cambiar a los demás, querer que tus hijos, amigos, ... sean de diferente manera, es un esfuerzo que además de agotarte te deja vacío. No pretendas que tus hijos sean de determinada manera, o que tu pareja, jefe, ... cambien. Acepta a las personas como son con todas sus virtudes y defectos, porque por mucho que tú te esfuerces, las personas solo cambian si ellas desean hacerlo, no porque tú quieras que lo hagan. No malgastes tu energía, la necesitas para cambiar tú, para crecer.

Si ves las cosas tal cual son, te ahorrarás el dolor de la decepción. Además no debes de olvidar que lo que no está a tu alcance modifcar, te va a causar dolor dependiendo de cómo te lo tomes o cómo lo quieras ver. No puedes cambiar muchas cosas, pero sí cómo reaccionas a ellas. Tu actitud hacia las cosas que no dependen de ti, es lo que sí está bajo tu control.

Tu crecimiento personal, tu empoderamiento, depende de que atiendas lo esencial, y dejes de lado lo trivial que no puedes modifcar para dejarlo de lado y no malgastar más tus esfuerzos.

Te doy algún ejemplo que seguro te hace ver con claridad la necesidad de abrir los ojos a lo que no puedes modifcar:

Muchas veces nos pasa que deseamos que nuestros hijos sean más ordenados, o que nuestra pareja sea más cariñosa. Son cosas que no dependen de ti, sino de ellos, sin embargo tú te desesperas y hasta puedes llegar a enfadarte por ello. Molestarte por lo que no está en tus manos, te limita, no te deja avanzar hacia donde quieres llegar.

4.5 No esperes a que el problema desaparezca por sí solo

No esperes a que de una manera pasiva, sin actuar, los problemas desaparezcan. No hablar de ellos, tratar de olvidarlos no los soluciona. Los problemas hay que afrontarlos, no tener la esperanza de que se evaporen. Esta esperanza pasiva es tóxica, mala porque no te permite crecer.

Cuando estás viviendo un momento difícil, sientes que no hay salida y que no puedes hacer mucho. Pero créeme, siempre hay una solución. Siempre hay algo que puedes hacer. Quedarse quieto, rezando, pidiendo al universo que el problema pase, no va a hacer que desaparezca. Tienes siempre que tomar acción. Da igual que no tengas fuerzas para mucho. Un poco hoy y otro poco mañana te ayudan a salir del problema. Si tú no empiezas a empujar la rueda, esta no gira sola.

Claro que los problemas asustan, pero ver cómo el problema no desaparece y cada día estás más hundido o hundida en él, asusta todavía más. Saca fuerzas, las llevas dentro, y empieza tomando acción para superar el problema. No va a desaparecer porque trates de obviarlo, cuanto antes lo atajes mejor, de no hacerlo solo conseguirás que el problema crezca.

4.6 Conoce tus fortalezas

Tienes que ser consciente de tus fortalezas para usarlas a tu favor ante cualquier situación en la vida. Saber que cuentas con cualidades que te dan ventaja ante ciertas situaciones es bueno. Atrévete a ver aquello en lo que eres bueno. Eso no es lo mismo que ser vanidoso, simplemente es ser honesto contigo mismo.

Las habilidades que posees que son las que te ayudan a conseguir los objetivos que te marcas en la vida. Abrázalas, siéntete orgulloso de ellas.

4.7 Abraza tus debilidades

Ser consciente de lo que eres capaz y no de hacer, te coloca en ventaja para llevar a cabo cualquier acción. Esta toma de conciencia es parte de tu crecimiento como persona.

Tus debilidades personales te impiden utilizar tu potencial al máximo. Por eso es importante que las reconozcas.

Pueden defnirse como los hábitos, pensamientos y conductas negativas, o problemas físicos/mentales o de salud, que te impiden realizar labores con efciencia y alcanzar las metas que deseas.

Entre las debilidades que puedes tener están: la indisciplina, la dependencia, el pesimismo, la soberbia, la timidez, la pereza, la impulsividad, la irresponsabilidad, la baja autoestima, la procrastinación, la indecisión, la impaciencia, etc.

Identificar tus debilidades, hacerles frente y trabajar para encontrar la mejor manera de superarlas, (los pasos de la **teoría de las Limitaciones de Goldratt** como aparece en su libro "La Meta"), es lo que te va a llevar a adquirir toda la fortaleza en tu camino, a sacar lo mejor de ti ante cada situación llevándote hacia el empoderamiento.

Te voy a dar un ejemplo que es un caso real:

El conocido artista americano Phil Hansen hizo suya la flosofía de Goldratt para poder llegar al éxito.

Durante su época de estudiante, Hansen observó temblores en la mano con la que trabajaba. Intentó corregir su enfermedad con resultados contraproducentes, y se apartó de su pasión. Un día, dolido por haber abandonado lo que le hacía feliz, decidió visitar a un neurólogo. Este médico le diagnosticó un daño neurológico permanente. Al darle la noticia, añadió también una sugerencia importante: que aceptase su temblor. Esta sencilla recomendación fue el clic que necesitaba el joven artista. Llegó a casa y empezó a dibujar. Pronto descubrió que si adoptaba otro enfoque en el que el temblor no afectase a su trabajo (con obras a gran escala o utilizando otros materiales u otras partes de su cuerpo), podía seguir haciendo arte. Hoy es uno de los artistas internacionales más respetados, y ha contado su inspiradora historia en las charlas TED.

Reconocer aquellas cosas en las que no eres tan bueno, puede ser la oportunidad para coger otro camino en tu vida. A veces nos enfocamos en seguir una senda que no es la nuestra porque no hemos atendido nuestras necesidades, no nos hemos escuchado o conocido. Si aceptas tus debilidades y habilidades la vida te va a resultar mucho más fácil.

4.8 Encuentra el modo de calmar tu mente

Cuando no puedes solucionar un problema tienes que tener vías de escape que puedan ayudarte a retomar fuerzas. Estar frente a un conficto estresa. Por eso es muy importante tener recursos para poder hacer decrecer ese estrés y no permitir que aumente y te bloquee. A algunas personas les funciona hacer deporte, a otras hacer manualidades, escuchar música. Puede que leer te ayude a evadirte del problema que tienes entre manos. Busca esa vía de escape que te ayude a sobrellevar el tiempo necesario para solucionar el problema.

Necesitas estar lo mas calmado posible, manejar tus emociones para poder solucionar el problema de la mejor manera posible.

Sea cual sea el método por el que optes para relajarte, practicar la respiración consciente es muy importante. Trata de respirar llevando el aire hasta el estómago, cuenta hasta cinco y exhala. Haz esto varias veces, hasta poder calmarte. Con la mente tranquila puedes empezar a cuestionarte los pensamientos que te hacen estar intranquilo, para poder ver la realidad y solucionar el problema de la mejor manera posible, aprendiendo del proceso.

4.9 Nunca renuncies a tus objetivos

A pesar de estar inmerso en un problema, no pierdas de vista el horizonte. El problema es pasajero, no dejes que te impida seguir mirando tu meta.

Es muy importante que sigas manteniendo tus metas, no olvides como has leído antes, marcarse objetivos es fundamental, ya que ayuda a tu cerebro a que se enfoque en conseguirlos. Marcar objetivos así como un plan para conseguirlos es fundamental para conseguir lo que te propongas en esta vida. Sin objetivos claros, sin saber donde quieres llegar, ¿cómo vas a llegar? Por eso es tan importante que te preguntes, qué te gusta, qué quieres lograr, porque hasta que no lo tengas claro, darás vueltas, y sentirás que no avanzas. Saber hacia donde quieres caminar, te hace tomar mejores decisiones para lograrlo.

Y lo más importante. Nunca pares de caminar hacia tu objetivo aunque las cosas se pongan difíciles. Hay veces que te encuentras con que el objetivo que te habías marcado en la vida no puedes conseguirlo debido a algún cambio de circunstancia en la vida y eso te paraliza. Cuando esto ocurre, es normal venirse abajo. Pero por favor no pierdas nunca el horizonte. Tienes que asumir que no puedes cambiar las circunstancias de la vida, pero eso, que no te impida seguir luchando.

Siempre ten los objetivos en tu mente, si persistes lo consigues.

4.10 Acepta el cambio como parte de la vida

La vida esta llena de cambios y aceptarlos va a definir tu vida. Claro que el cambio asusta, te produce miedo, incluso aunque el cambio sea para algo mejor. Pero si no lo aceptas, no sales de la zona de confort, no aprendes nada nuevo y no llegas nunca a tus objetivos.

Lo conocido te da seguridad, y solo de pensar que el cambio va a suponer que no controlas tu vida, te paraliza. Pero no debes permitir que el miedo rija tu vida. Recuerda lo que has leído sobre los pensamientos. Encuentra el pensamiento que te paraliza para aceptar el cambio y rebátelo con los cinco pasos.

No pongas en tu mente un escenario perdedor, no te anticipes al resultado. Acepta tus debilidades y habilidades y vete a por lo que quieres sin permitir que el miedo te paralice.

Aceptar el cambio, aprender de las experiencias vividas es lo que te ayuda a tu resiliencia y a lograr lo que deseas en esta vida.

Todo cambio nos cuesta, ya que supone salir de nuestra zona de confort, pero has de hacerlo y abrazar el cambio, siempre trae consigo aprendizaje y crecimiento.

«No son los más fuertes o los más inteligentes los que sobreviven, si no los que mejor se adaptan al cambio»
Charles Darwin

Plantéate el cambio **como una oportunidad** de mejorar, aprender y superarte, no como algo amenazante.

Ábrete a los cambios que se te presenten en la vida, son oportunidades para crecer como persona o en tu ámbito laboral. Estar dispuesto a cambiar, a adaptarte a las situaciones te coloca en ventaja, te hace más competitivo, lo que facilitará tu camino hacia tu éxito.

4.11 Ten empatía contigo

Trátate bien, siempre con amor, es muy importante. Sé compasivo/a contigo. Estás aquí pese a la adversidad. Vales mucho y eres muy fuerte. No lo olvides nunca por favor. Céntrate en ver no lo roto o rota que estás, si no en lo fuerte que eres. Echa la vista atrás, y admira hasta donde has llegado. Lo vivido te ha hecho una persona muy fuerte, humana y te ha ayudado a crecer como persona. Has superado cada obstáculo que te ha puesto la vida.

La **autoempatía** requiere una mayor conciencia de sí mismo, disciplina y sensibilidad al sufrimiento y también un compromiso para encontrar soluciones útiles. La autoempatía es el reconocimiento de que, como todos los seres humanos, mereces comprensión y compasión.

Para practicar verdaderamente la autoempatía al máximo, debes estar dispuesto a practicarla incluso cuando tropieces y cometas errores que te hagan sentir avergonzado. Es un ejercicio de humildad que requiere reconocer que eres humano y falible, y que los fallos son parte de la amplia experiencia humana.

De la misma manera que comprender cómo piensan y sienten los demás tiende a evitar que los juzgues con demasiada severidad, extender esa misma cortesía en tu propia dirección evita que te sumerjas en un auto-juicio. Esto no signifca que no te cuestiones y analices tus errores. La autoempatía no te libera de la responsabilidad o la necesidad de disculparte si has decepcionado a otros, o incluso si te has decepcionado a ti. Simplemente signifca que mereces preocupación empática, amor y cuidado incluso cuando cometes errores.

Cuando aprendes a ser más compasivo contigo mismo, aprendes a tratar a los demás con similar amabilidad.

En el mundo de hoy, la empatía propia es una competencia infravalorada. Cuando las cosas nos van mal, nos criticamos creyendo que nuestro error se debe a no haber hecho lo suficiente, o haber cometido fallos que no debiéramos de haber tenido. Nos juzgamos demasiado. Pero no tienes que ser crítico contigo, si no analizar qué has hecho para poder mejorar. Recuerda, los errores sirven para aprender, no te castigues. Aprender de las experiencias, es ser resiliente.

La autoempatía está fuertemente correlacionada con rasgos positivos como la motivación, la capacidad de recuperación, el pensamiento creativo, la satisfacción con la vida y la empatía hacia otras personas. Por el contrario, las personas autocríticas tienden a ser más hostiles, ansiosas y depresivas, y con poca satisfacción con la vida.

La empatía se considera una característica que nos permite comprender y compartir las experiencias emocionales de otras personas. Lo vemos como un ingrediente esencial para las buenas relaciones interpersonales, pero no necesariamente algo que debemos practicar con nosotros mismos. Empieza a cambiar ese pensamiento. Antes de poder ofrecer empatía y compasión por los demás, debes de ser empático contigo mismo.

La investigadora de la compasión Kristin Neff (autora de "Sé amable contigo mismo"), ha realizado recientemente un trabajo pionero sobre el concepto de la autocompasión, dividiéndolo en tres componentes principales: la bondad, la humanidad compartida y la atención plena:

- La **bondad hacia uno mismo** se refere a la práctica de ser comprensivo y perdonarse incluso en momentos de fracaso o dolor. Ser amable contigo mismo es un aspecto esencial de la autoempatía porque te impide juzgar quién eres demasiado severamente. Lejos de crear una visión del mundo egocéntrica, una actitud indulgente es una de las mejores defensas contra el narcisismo. La bondad hacia ti te va a permitir que tus errores no entierren tu autoestima.

- Un **sentido de humanidad compartida** signifca que percibes tus propias experiencias como parte del tapiz humano más grande en lugar de como algo separado y aislado. La humanidad compartida alimenta la autoempatía al recordarnos que no estamos solos, incluso en nuestros fracasos. Como escribió el poeta Alexander Pope: "*Errar es humano, perdonar divino y rectifcar de sabios*". Cuando reconoces que el sufrimiento y la insufciencia personal son partes naturales de la experiencia humana común, puedes perdonarte a ti mismo y seguir adelante.

- La **atención plena**, es la capacidad de identifcar tus pensamientos y sentimientos sin reaccionar ante ellos o juzgarlos. Evaluar los contenidos de tu mente desde el punto de vista de una tercera persona te brinda la conciencia de ti mismo para comprender la diferencia entre el ser real y los pensamientos y sentimientos que tienes. Convertirte en observador de tus pensamientos en lugar de un actor te permite la libertad de considerar diferentes creencias y actitudes sobre lo que está sucediendo en tu vida. La atención plena es lo que te ayuda a autorregular tus emociones. (recuerda los pasos del Método RAN©).

Cuando asumimos la responsabilidad de perdonar y cuidar de nosotros mismos, la compasión que extendemos a los demás también se vuelve más genuina. La autoempatía mejora nuestra confanza y fortaleza interior y nos abre a la conexión y al propósito compartido. Esto nos permite inspirar a otros con nuestra visión y articular objetivos comunes.

La empatía te permite interpretar emociones no expresadas y comprender una variedad de perspectivas. Has sido muy crítico con tus errores. Puedes ser mucho más duro contigo mismo que con los demás. Pero ya es hora que te trates con justicia, como mereces, con mucho amor.

Trata de centrarte en ver tus éxitos, tus logros y no en recordar siempre las cosas que no te han salido bien. Tienes muchas cosas buenas en ti, por favor, empieza a verlas.

Por favor deja de creer que si no eres duro contigo mismo te vas a volver perezoso o no vas a conseguir nada. Tratarte con dulzura, te va a ayudar a sobresalir aún más y alcanzar tus metas y objetivos de una manera más sencilla.

Acepta tu vida, acepta el momento de cambio en el que estás y abrázate con amabilidad. Detén tu diálogo crítico interno.

4.12 No mires el problema, mira lo que aprendes con el problema

Todo lo que vives tiene una enseñanza. Cuando estás inmerso en algo doloroso, en un problema, se te complica ver que puede haber solución o que te puede traer algo bueno. Pero créeme, menos la muerte todo tiene una solución. Quizá la solución no llega de manera inmediata ni es la que tú te hayas planteado. Pero llega. Tienes que tener paciencia ante la adversidad. Trata de ver el problema como una oportunidad de crecimiento, de salir de la zona de confort en la que vives para mejorar como ser humano. Eres valiente, eres resiliente.

Cuando aceptas la situación que te toca vivir, el problema que tienes frente a ti, tomas responsabilidad ante ella, y eso te da el poder de poder cambiarla.

Para ayudarte cambiar tu manera de ver las situaciones difíciles de tu vida, cada vez que tengas frente a ti un dilema, analízalo.

Para empezar trata de respirar para calmar tu mente lo más posible y pregúntate:

- ¿Qué te ha traído aquí? Qué circunstancias actos o pasividad te ha traído hasta la situación en la que te encuentras.

   Analiza que has hecho o dejado de hacer (muchas veces la falta de acción es la que nos coloca en una situación complicada). Por favor hazlo con empatía, sin culparte. Estás tratando de aprender de la situación para salir fortalecido.

   Trata de reconocer si está dentro de tus posibilidades cambiar las cosas, o si como has visto en otro punto, no depende de ti. Esto es muy importante para no malgastar energía y encontrarte mal por algo que está fuera de tu poder.

- Pregúntate dónde quieres llegar, qué quieres conseguir con la situación. No olvides que tener claro cuál es tu meta te ayuda a resolver tu situación. Saber hacia donde te quieres encaminar te ayuda en la toma de decisiones.

- ¿Estás culpando a alguien o a algo por la situación en la que te encuentras? Aceptar tu responsabilidad es fundamental. A veces de manera automática (porque venimos siempre haciéndolo así), tratamos de buscar responsables para nuestros problemas. Pero recuerda, victimizarse, no aceptar tu parte, te deja donde te encuentras, no te ayuda a mejorar ni a salir de la situación.

- ¿Qué te va a aportar solucionar la situación? Analiza todo lo que te va a portar enfrentar y solucionar la situación. Vas a superar tus miedos, aprender a crear algo, a tener mejores relaciones, ... siempre se aprenden cosas de las experiencias vividas.

- ¿Cuál es la parte negativa del conficto, qué problemas o inconvenientes te puede traer? Tienes que conocer las consecuencias de no solucionar el problema o de evitarlo. Ser consciente de lo que puede pasar te puede ayudar a tomar la decisión de atreverte a dar el frme paso de enfrentarlo.

Hazte estas preguntas y deduce si realmente es un problema lo que se te presenta o una oportunidad para avanzar y aprender.

4.13 Pide ayuda

Ante un problema, háblalo con alguien, compártelo. Puede ser un amigo o un compañero de trabajo. Y cuando necesites ayuda tienes que pedirla.

No pasa nada por necesitar ayuda, no debe importarte reconocerlo. Reconocer que necesitas ayuda no te hace débil, sino que te presenta como alguien honesto, humilde, que quiere aprender.

Necesitar ayuda, no es una debilidad, sino mostrar ser valiente.

Desde que naces necesitas ayuda, no puedes hacerlo todo tú solo. Acepta tus limitaciones, y pide ayuda en lo que necesites. Hacerlo te hace humano.

No permitas que un problema se haga más grande, te perturbe más de lo necesario, si puedes solucionarlo con la ayuda de otros.

4.14 No dejes que lo externo influya en ti

Tus opiniones, decisiones y emociones son válidas. No permitas que los demás te hagan cambiarlas.

Es bueno escuchar consejos, aprender de los demás, pero al final las decisiones en esta vida son tuyas, confía en ti y no permitas que la basura de los demás entre en tu mente.

Si lo que te digan los demás te hace dudar de tus decisiones, analízalas de nuevo, reafírmate en tus emociones, pero no te dejes llevar por los demás creyendo que sus ideas y razonamientos son mejores que las tuyas.

Aprende a analizar a tus emociones, racionaliza y trata de ver qué piensas para que tu miedo y dudas surjan. Rebátelas, y una vez que tomes la decisión mantente firme. Es tu vida, recuerda que fallar es de humanos y que si te equivocas, el error servirá para aprender de él. Confía en ti.

Te voy a contar una historia para que veas la importancia de aferrarte a tus emociones, a tu instinto para crecer:

"Había una vez un viejito que hacía los mejores pasteles de la región. Estaba medio sordo y ciego así que no escuchaba la radio y apenas veía la TV. Pero cocinaba los mejores y mas sabrosos pastelillos que te puedas imaginar. Y le iba bien vendía un montón de pastelitos todos los días. Como estaba un poco apartado de la ciudad la gente manejaba solo para comprarle sus pastelitos y volvía a la gran ciudad.

Un día apareció su hijo, un economista que vivía en la gran ciudad, y empezó a revisar sus costos. El padre compraba los mejores y mas caros ingredientes y como era de esperar sus costos eran elevados, como la calidad de sus pasteles. Entonces después de revisar los números, su hijo le dijo: Papá, no sabes que se viene una gran recesión, que hay una gran epidemia, tienes que ahorrar, tienes que bajar los costos.

El padre pensó, si mi hijo que es economista lo dice será verdad. Entonces empezó a comprar ingredientes mas baratos, a poner menos harina en sus pastelitos a ponerles menos relleno y como era de esperar sus pastelitos bajaron la calidad. Ya no eran los mejores pastelitos de la región. Y la gente dejo de ir. Tanto que el viejito entro en bancarrota y tuvo que cerrar. Entonces pensó que inteligente es mi hijo cuanta razón tenía hay una gran recesión."

La moraleja es que escuches siempre a tu Yo interior, que no te dejes influir por la experiencia de los demás, y te guíes siempre por tu instinto y propio análisis. Aprender de las experiencias de vida es lo que te va a hacer llegar donde te propongas hacerlo.

Aprende a tener confianza en ti, tus decisiones son válidas, falla si tienes que hacerlo. El fallo también te puede traer aprendizaje.

4.15 No te victimices

Nos protegemos en el victimismo y lo usamos como excusa para no salir de la zona de confort, saboteando con ello nuestro éxito. Vivir como una víctima es justificar tu frustración y tus fracasos. Y si crees ser una víctima, eso es lo que el universo te dará.

Victimizarse no es sinónimo de ser víctima. En diversos momentos de nuestras vidas, podemos sentirnos vulnerables ante ciertas situaciones y sentirnos **víctimas** de la situación, lo cual es algo lícito y temporal. Sin embargo, **el victimizarse**, es diferente, es sentirse víctima de todo y de todos. Cuando las personas se victimizan, se desvinculan de su responsabilidad ante sus actos y culpabilizan a los demás, o al universo.

Una de las cosas que hacemos para victimizarnos es quejarnos y lamentarnos, obteniendo con ello la atención de los demás.

¿Crees que a veces te quejas más de lo que debieras? Recuerda, reconocer tus debilidades te hace más fuerte, resiliente.

Seguro que de pequeño quejarte te sirvió para llamar la atención de tus padres, pero ya es hora de crecer y madurar y hacerte responsable.

Cuando caes en el victimismo, no te responsabilizas de tu vida. Al quejarte, culpas a otros de los males que padeces y te resguardas en la compasión ajena. Además, esta actitud pesimista, hace que no puedas verte realmente, no puedas hacer una autocrítica para salir de la situación en la que te encuentras. Pero, cuando te quejas y apareces como la víctima de una situación obtienes la empatía y la atención de los demás.

Si te quedas en el rol de víctima, justifcas tus frustraciones y fracasos, y si crees que no eres sufciente, que el mundo no es justo, que nunca llegas, ... eso es lo que obtendrás en tu vida, porque eso es lo que piensas y lanzas al universo. (no olvides que tus creencias, tus pensamientos hacen tu vida). No te victimices como modo de llamar la atención. Tienes que empezar a cambiar esta actitud, estos pensamientos, porque si no dejas esta zona de confort de quejarte de tu vida, jamás vas a poder hacer nada para cambiarla. Si sigues poniendo tu foco en lo negativo y no paras a analizarlo y tomas acción para ponerle solución, jamás vas a poder avanzar hacia tus objetivos.

Vivir victimizado por tu pasado no te deja avanzar hacia tu empoderamiento, hacia ese descubrir todo el potencial que llevas dentro. Si te quedas en víctima, crees que no puedes cambiar y nunca llegas a donde mereces estar.

Si crees que la vida es dura, lo va a ser. Empieza a cambiar tu manera de pensar, y empieza a dibujar y a ver una mejor oportunidad para ti. Solo cuando decides que ya está, que estás harto o harta de lo que tienes y quieres cambiarlo, cuando tomas la determinación de hacerlo, se produce el cambio en ti hacia un mundo lleno de posibilidades. Responsabilízate de tu vida, de tus problemas, y tómalos siempre como un aprendizaje.

4.16 Aprende de tus éxitos y de tus fracasos

La vida es un aprendizaje, y ser resiliente consiste en capitalizar todo lo vivido, lo bueno y lo malo. Todo te enseña algo.

Cuando triunfes, analiza qué es lo que te ha llevado al triunfo. Si ha sido la casualidad o la suerte, no volverá a ocurrir. Recuerda que se necesita un objetivo claro y un plan para alcanzarlo. Y si fracasas, no es el final del mundo, simplemente es una oportunidad para aprender. Analiza qué has hecho qué puedes corregir, o qué no has hecho para saber lo que la siguiente vez puedes hacer.

La vida siempre es bonita para vivirla, con sus cosas buenas y sus cosas no tan buenas. Acepta lo que te toca vivir, analiza por qué está ocurriendo y si depende de ti, trabaja para aprender de ello y que la próxima vez el resultado sea mejor.

¡Eres resiliente!!!!!!!

Muchas gracias por llegar al final del libro. Espero te haya servido para entender que lo malo de esta vida no te debe de limitar, sino ayudarte a alcanzar todo tu potencial.

Empieza a creer en ti, elimina cualquier pensamiento negativo y jamás olvides que cada experiencia de vida es enriquecedora y parte de tu camino hacia tu éxito.

Pon en práctica cada factor que has leído que contribuye al desarrollo de tu resiliencia. Haz un poco cada día, trabaja en ti cada día, porque la práctica, esto es tu experiencia de vida, es lo que te va a llevar a poder tener la vida que deseas.

Si deseas seguir creciendo como persona y destapar todo ese poder que llevas dentro, reprogramando tu cerebro para el éxito, te recomiendo leas **30 Pasos para tu Empoderamiento**, que te va a servir de guía para ser asertivo, conectar contigo y lo más importante a creer en ti y programarte para lograr tu éxito. Es el libro definitivo que va a ayudar a empoderarte en 30 pasos y 45 ejercicios.

Te deseo lo mejor en tu vida, que alcances tu máximo potencial y felicidad. Si lo necesitas no dudes en escribirme: hola@olgafernandeztxasko.com. Muchas gracias de nuevo.

Olga Fernández Txasko
www.olgafernandeztxasko.com

Printed in Great Britain
by Amazon

37058372R00056